AF707649

Jana Steinmaier

Vielfalt – eine Chance für uns alle!

Fertig ausgearbeitete Stunden zur Prävention von Rassismus, Diskriminierung & Mobbing für Klasse 3–4

UNTERRICHTSMATERIAL

Die Umwelt liegt uns am Herzen! Konkret bedeutet das: Wir verwenden ausschließlich recyceltes Papier und vermeiden Plastik, wo es möglich ist. Dieses Produkt wurde aus diesem Grund nicht eingeschweißt. Auch haben wir bei der Herstellung des Umschlags auf eine Cellophan-Schicht verzichtet. Alle in diesem Produkt verwendeten Papiere bestehen zu mindestens 50 % aus Recyclingfasern. Das Inhaltspapier dieses Buches ist gemäß DE-UZ 14a Blauer-Engel-zertifiziert.

FSC
www.fsc.org
MIX
Papier | Fördert gute Waldnutzung
FSC® C130643

Wir haben uns für die Schreibweise mit dem Sternchen entschieden, damit sich Frauen, Männer und alle Menschen, die sich anders bezeichnen, gleichermaßen angesprochen fühlen. Aus Gründen der besseren Lesbarkeit für die Schüler*innen verwenden wir in den Kopiervorlagen das generische Maskulinum. Bitte beachten Sie jedoch, dass wir in Fremdtexten anderer Rechtegeber*innen die Schreibweise der Originaltexte belassen mussten.

1. Auflage 2024

Autor*innen Jana Steinmaier
Redaktion Christina Heckl
Coverillustration Carla Miller
Illustrationen Carla Miller, Sybille Schreiber
Foto Junge im Rollstuhl © shootingankauf_AdobeStock_32943091 (Kapitel: Leben mit Einschränkungen); Personen auf der Flucht © Ajdin_Kamber_AdobeStock_355273103 (Kapitel: Flucht); Mädchen weint © pololia_AdobeStock_289553863 (Kapitel: Mobbing)
Satz Typographie & Computer, Krefeld
Druck und Bindung Druckerei Joh. Walch GmbH & Co. KG

ISBN 978-3-7468-**1164**-2
www.lernbiene.de

Inhalt

Der Band enthält **digitales Zusatzmaterial** zum **Download**. Die Benutzerhinweise zum Download des Zusatzmaterials und den entsprechenden **Zusatzcode** finden Sie am Ende des Buches.

Vielfalt – eine Chance für uns alle!

von Jana Steinmaier

mit Illustrationen von Carla Miller

Jeder Mensch unterscheidet sich in endlos vielen Punkten von anderen Menschen. Seien es die Interessen, die Fähigkeiten, die Hautfarbe, die Muttersprache oder die Religion – jeder Mensch ist einzigartig! Diese Vielfalt kann eine Chance für die Gesellschaft sein, sofern sie den richtigen Umgang mit ihr findet.

Unser Material mit fertigen Stundenentwürfen und weiterführenden Ideen will Schüler*innen für diese Vielfalt sensibilisieren, Werte wie Toleranz und Respekt fördern und wichtige Regeln für das gesellschaftliche Miteinander erarbeiten. Vielfältige Arbeitsblätter und Stundenhinweise unterstützen Sie als Lehrkraft dabei, gesellschaftlich aktuelle Themen auch mit Grundschüler*innen kindgerecht zu besprechen.

Zielsetzung

Das Material wurde für die Jahrgangsstufen 3 und 4 konzipiert. Es beinhaltet ein breites Themenspektrum: Es reicht von Selbstwahrnehmung und Selbstakzeptanz über Diversität, Vorurteile, Respekt, Rassismus, Leben mit Einschränkungen, Familienformen und Transidentität bis hin zu Flucht und Mobbing. Der verbindende Aspekt all dieser Schwerpunkte ist die gesellschaftliche Vielfalt, die erst dann ihr Potenzial entfalten kann, wenn sich jede*r von uns diesen Themen gegenüber öffnet. Dies ist daher ein zentrales Anliegen des Materials, denn bereits im schulischen Umfeld kommen die Kinder oft mit vielen der genannten Aspekte in Berührung.

Einsatz

Da alle Kapitel unabhängig voneinander einsetzbar sind, können Sie die Themen, die Sie im Unterricht behandeln möchten, unkompliziert aus dem Material auswählen.
Die Stundenhinweise zu Beginn der Kapitel geben Ihnen einen Überblick über die entsprechenden Lernziele, die benötigten Materialien, die Inhalte der einzelnen Phasen sowie die jeweiligen Sozialformen.

Lösungsblätter

Zu den meisten Arbeitsblättern existieren Lösungen. Bei nicht eindeutigen Lösungen wurden Lösungsvorschläge erstellt, um den Kindern eine Hilfestellung an die Hand zu geben. Da die Schüler*innen zu vielen Themen erst eine eigene Positionierung entwickeln sollen, können die Lösungsvorschläge unterstützend wirken.

Überblick über die einzelnen Kapitel:

Kapitel 1: Unterschiede erkennen und akzeptieren

Die Kinder beschäftigen sich mit Unterschieden und Gemeinsamkeiten, die Menschen ausmachen können. Sie reflektieren außerdem, was sie von anderen Kindern der Klasse unterscheidet bzw. was sie mit anderen Kindern gemein haben.

Kapitel 2: Vorurteile erkennen und hinterfragen

Die Schüler*innen erkennen, dass jeder Mensch Vorurteile hat. Sie reflektieren darüber, wie Vorurteile entstehen und wann sie zur Gefahr werden können.

Kapitel 3: Ich bin gut, so wie ich bin!

In diesem Kapitel setzen sich die Kinder mit den eigenen Stärken und Talenten auseinander. Sie reflektieren, warum sie eine gute Freundin bzw. ein guter Freund sind, und beschäftigen sich mit der Einzigartigkeit ihres Körpers.

Kapitel 4: Respekt

Die Lernenden unterscheiden respektvolles von respektlosem Verhalten. Sie halten fest, was an Beispielen von respektlosem Verhalten nicht in Ordnung ist und wie sich die Personen stattdessen verhalten sollten. An einem Praxisbeispiel lernen sie, wie man fair und respektvoll Feedback geben kann.

Kapitel 5: Rassismus

Die Kinder lernen, was sich hinter dem Begriff „Rassismus“ verbirgt, und versetzen sich in Kinder hinein, die mit Alltagsrassismus konfrontiert sind. Sie entdecken, wie sich anfängliche Vorbehalte in Richtung Freundschaft wandeln können und überlegen, wie sie Partei für ein Kind ergreifen könnten, das aufgrund seiner Hautfarbe, Herkunft oder Religion gehänselt wird.

Kapitel 6: Leben mit Einschränkungen

Die Schüler*innen erfahren, was sich hinter dem Begriff „Barrierefreiheit“ verbirgt, und erkunden ihr Schulgebäude unter diesem Aspekt. Sie erfahren, welche Schwierigkeiten ein autistisches Kind bewältigen muss, und überlegen, wie sie sich Menschen mit Einschränkungen gegenüber hilfreich verhalten könnten.

Kapitel 7: Familienformen

Die Kinder setzen sich mit unterschiedlichen Familienformen auseinander, machen Angaben zu ihrer eigenen Familie und erkunden Gemeinsamkeiten und Unterschiede der eigenen Familie mit der eines Partnerkindes.

Kapitel 8: Sexuelle und geschlechtliche Vielfalt

In diesem Kapitel lernen die Kinder, wofür sich der Christopher Street Day einsetzt und was man unter Begriffen wie „Hetero-, Homo- oder Bisexualität" sowie „Transgeschlechtlichkeit" versteht. Zudem setzen sich die Kinder mit Diskriminierung auseinander, die queere Menschen oft erfahren. Des Weiteren lernen sie die Geschichte eines transgeschlechtlichen Kindes kennen.

Kapitel 9: Flucht

Mit den Gründen, warum Menschen ihre Heimat verlassen müssen, beschäftigen sich die Kinder in diesem Kapitel. Sie verfolgen die Flucht eines gleichaltrigen Mädchens und zeichnen die Fluchtroute auf einer Karte ein. Sie stellen sich vor, wie sich ein neu in Deutschland angekommenes Kind fühlt und welchen Schwierigkeiten es begegnet. Daran anknüpfend überlegen sie, wie sie solch einem Kind hilfreich zur Seite stehen könnten.

Kapitel 10: Mobbing

Die Kinder spielen eine Mobbingszene nach und berichten einander, wie sie sich in den unterschiedlichen Rollen (Täter*innen, Mitläufer*innen, Opfer, Zuschauer*innen) gefühlt haben. Sie erfahren, was man unter Mobbing versteht, wie es gestoppt werden kann und dass man sich Hilfe holen bzw. Hilfe anbieten soll.

Hinweis zur Schrift

Das Material ist in einer Druckschrift für die Grundschule erstellt worden, damit die Kinder ein für sie gut erkennbares und eindeutiges Schriftbild vorfinden. Die verwendeten Schriftarten heißen „Auer Schulbuch" und „Grundschrift GSV". Die Schriften finden Sie zum Download im Zusatzmaterial. Sie werden Ihnen in den Worddateien nur angezeigt, wenn Sie sie in Ihrem Schriftenordner installiert haben. Ansonsten werden Ihnen die Übungen in Word automatisch in Ihrer eingestellten Standardschrift angezeigt. Natürlich haben Sie jederzeit die Möglichkeit, die Worddateien anzupassen. Da sie editierbar sind, können Sie das Material nach Belieben in Ihre bevorzugte Schriftart umändern.

Wir wünschen Ihnen viel Freude und Erfolg beim Einsatz des Materials!

Lernziele und Überblick

Die Schüler*innen setzen sich damit auseinander, dass Menschen sowohl Gemeinsamkeiten als auch Unterschiede haben. In der Stunde reflektieren die Kinder auch, was sie als Person ausmacht und was sie mit anderen Kindern ihrer Klasse gemeinsam haben oder was sie von anderen Kindern unterscheidet. Unterschiede erkennen und aushalten zu können, ohne sich abwertend oder verurteilend zu verhalten, ist eine wichtige Kompetenz und gleichzeitig eine Voraussetzung für ein gelungenes Miteinander. Ziel ist die Förderung von Toleranz sowie das Annehmen und Wertschätzen der eigenen Stärken und Schwächen.

Stundenverlauf

Phase	Inhalt	Sozialform	Material
Einstieg	Die LK legt die *Steckbriefe* der fiktiven Kinder unter die Dokumentenkamera. Gemeinsam liest die Klasse die Steckbriefe. LK: „Welche Unterschiede kannst du zwischen den Kindern feststellen?“ Die LK lässt die Kinder einige Unterschiede benennen. LK: „Welche Gemeinsamkeiten kannst du zwischen den Kindern feststellen?“ Die LK lässt die Kinder einige Gemeinsamkeiten benennen. So stellen die SuS fest, dass zwar alle Kinder unterschiedlich sind, aber auch Kinder, die auf den ersten Blick scheinbar nichts gemeinsam haben, Gemeinsamkeiten haben können.	UG	Dokumenten-kamera; *Steckbriefe*
Erarbeitung I	Die LK teilt das AB *Mein Steckbrief* aus. Die Kinder fertigen nun einen Steckbrief von sich selbst an. Anschließend vergleichen sie diesen mit dem eines anderen Kindes. Hier geht es darum, einander besser kennenzulernen sowie ebenfalls Gemeinsamkeiten und Unterschiede zu benennen.	EA PA	AB *Mein Steckbrief*

Stundenhinweise (2)

Phase	Inhalt	Sozialform	Material
Erarbeitung II	Die LK teilt das AB *Vielfalts-Bingo* aus. Alle Kinder tragen einen Spielplan sowie einen Stift bei sich. Ihr Ziel ist es, zu allen auf dem Spielplan genannten Gesichtspunkten den Namen eines Mitschülers/einer Mitschülerin einzutragen, auf den/die dieser Gesichtspunkt zutrifft. Für das Spiel wird eine bestimmte Zeit (z. B. 5 bis 10 Minuten) vorgegeben. Hat ein Kind eine Reihe des Spielplans waagerecht, senkrecht oder diagonal vervollständigt, ruft es „Bingo!“und erhält einen Punkt. Wer nach der vereinbarten Zeit die meisten Punkte gesammelt hat, gewinnt das Spiel.	GA	AB *Vielfalts-Bingo*
Schluss	Die LK teilt das AB *Interview* aus. Die Kinder führen miteinander Interviews, die neben einfach zu beantwortenden Fragen auch nachdenkliche, in die Tiefe gehende Fragen aufweisen. Wichtig ist, dass die interviewenden Kinder sich respektvoll gegenüber den Antworten der befragten Kinder verhalten und dass die Schülerpaare nicht die gleichen sind wie bei der vorherigen Aufgabe zu den Steckbriefen. So können sich die SuS auf einer vertrauteren Ebene kennenlernen, als dies vielleicht zuvor der Fall war, und sie entdecken Gemeinsamkeiten mit anderen Kindern, die sie zuvor vielleicht nicht vermutet hätten. Die Rollen wechseln hier: Wer zuerst interviewt hat, wird anschließend befragt und umgekehrt. Zum Abschluss der Stunde treten vereinzelt Paare nach vorne und stellen jeweils eine spannende Entdeckung über ihr Gegenüber sowie eine gefundene Gemeinsamkeit vor.	PA UG	AB *Interview*

Steckbriefe

Name: Lukas

Haare: kurz, blond

Augenfarbe: blau

Hobby: Fußball

Lieblingsessen: Nudelsuppe

Lieblingsfach: Sachunterricht

Stärke: sehr hilfsbereit + erkennt, wenn jemand Hilfe braucht

Schwäche: kann bei Spielen schlecht verlieren

Besonderheit: lebte 3 Jahre lang in den USA

Name: Emilia

Haare: lockig, braun

Augenfarbe: braun

Hobby: Skaten

Lieblingsessen: Pfannkuchen

Lieblingsfach: Deutsch

Stärke: sehr geduldig + erklärt anderen gerne etwas

Schwäche: vergisst häufig die Hausaufgaben zu machen

Besonderheit: geht regelmäßig mit Hunden aus dem Tierheim spazieren

Name: Melek

Haare: lang, schwarz

Augenfarbe: braun

Hobby: Fußball

Lieblingsessen: Lahmacun

Lieblingsfach: Mathematik

Stärke: umweltbewusst + sammelt regelmäßig Müll in der Umgebung

Schwäche: manchmal etwas schüchtern und zurückhaltend

Besonderheit: hochbegabt + konnte schon mit 5 Jahren lesen

Name: Ning

Haare: kurz, schwarz

Augenfarbe: braun

Hobby: Tanzen

Lieblingsessen: Pfannkuchen

Lieblingsfach: Mathematik

Stärke: bleibt geduldig an einer Sache, bis sie ihm gelingt

Schwäche: kann sich oft nicht gut konzentrieren

Besonderheit: liebt lustige Filme und kann einige mitsprechen

Mein Steckbrief

1. Fülle deinen eigenen Steckbrief aus und male dich.

Mein Name: ____________________

Mein Alter: ____________________

Mein Geschlecht: ____________________

Meine Schuhgröße: ____________________

Meine Haarfarbe: ____________________

Meine Augenfarbe: ____________________

Mein Hobby: ____________________

Mein Lieblingsfach: ______________________________

Mein Lieblingstier: ______________________________

Mein Lieblingsessen: ______________________________

Meine größte Stärke: ______________________________

____

Meine größte Schwäche: ______________________________

____

Das ist besonders an mir: ______________________________

____

2. Suche dir ein Partnerkind. Vergleicht eure Steckbriefe.
   Was habt ihr gemeinsam? Worin unterscheidet ihr euch?

Vielfalts–Bingo

So geht's:

Gehe mit dem Blatt und einem Stift durch die Klasse. Versuche für jedes Feld ein Kind zu finden, auf das die Aussage zutrifft. Schreibe den Namen des Kindes in das Feld. Wer eine Reihe (waagerecht, senkrecht, diagonal) mit Namen füllen konnte, ruft „Bingo!" und bekommt einen Punkt. Wer hat am Ende die meisten Punkte?

Ein Kind, das eine Brille trägt:	Ein Kind, das nicht in Deutschland geboren wurde:	Ein Kind, das mit der linken Hand schreibt:	Ein Kind, das mehr als eine Sprache spricht:
Ein Kind mit einem anderen Glauben als dem Christentum:	Ein Kind, das in einem Land war, in dem du noch nicht warst:	Ein Kind, das die gleiche Schuhgröße hat wie du:	Ein Kind, dessen Eltern nicht zusammen-wohnen:
Ein Kind, das sich vegetarisch oder vegan ernährt:	Ein Kind, das keine Geschwister hat:	Ein Kind, dessen Großeltern nicht in Deutschland leben:	Ein Kind, das ein Instrument spielen kann:
Ein Kind, das eine Allergie hat:	Ein Kind, das genauso viele Geschwister hat wie du:	Ein Kind, das die gleiche Augenfarbe hat wie du:	Ein Kind, das ein Haustier hat:

Interview

1. Interviewe ein Kind deiner Klasse.
2. Notiere die Antworten stichpunktartig.

Interview mit: ______________________

Mit wem lebst du zusammen?

____

Was machst du in deiner Freizeit am liebsten?

____

Gehörst du einer Religion an? Wenn ja, welcher?

____

Was unterscheidet dich von vielen anderen Kindern?

____

Gibt es etwas, das du gerne tun würdest, aber du traust dich noch nicht?

____

Wenn du einen großen Wunsch erfüllt bekämst – welcher wäre das?

____

Worüber bist du manchmal traurig?

____

Was haben wir deiner Meinung nach gemeinsam?

____

Was unterscheidet uns deiner Meinung nach?

____

Stundenhinweise (1)

Lernziele und Überblick

Die Schüler*innen lernen, was Vorurteile sind, wie sie entstehen und warum jeder Mensch Vorurteile hat. Die Kinder reflektieren, wie Vorurteile hinterfragt und entkräftet werden können. Sie sollen ebenfalls dafür sensibilisiert werden, welche diskriminierenden Auswirkungen Vorurteile haben können.

Stundenverlauf

Phase	Inhalt	Sozialform	Material
Einstieg	Die LK teilt das AB *Welches Kind ist es?* aus. Die Lernenden lesen zu zweit die Texte, in denen vier Kinder beschrieben werden. Anhand dieser Informationen und der vorhandenen Portraits der Kinder sollen die SuS vermuten, welches Kind wohl im jeweiligen Text gemeint ist. Die Kinder sind gezwungen, sich ihrer eigenen Vorurteile zu bedienen, und werden sehr wahrscheinlich der mädchenhaft aussehenden Lisa die Liebe zu Pferden zuordnen oder dem technikbegeisterten Simon die Passion zu Autos. Anschließend findet ein gemeinsames, von der LK gesteuertes Gespräch statt, in dem deutlich wird, dass die Zuordnungen der Kinder nur auf Vermutungen bestehen und sich diese wiederum auf Vorurteile zurückführen lassen. (Mädchen = Pferde, Junge = Autos usw.) Impulsfragen sind: • Warum habt ihr euch für das Kind entschieden? • Interessieren sich alle Mädchen für Pferde? … alle Jungen für Autos?	PA UG	AB *Welches Kind ist es?*

Stundenhinweise (2)

Phase	Inhalt	Sozialform	Material
Erarbeitung	Die LK teilt den Text *Warum Vorurteile normal, aber trotzdem gefährlich sind* … und das AB *Vorurteile – Aufgaben* aus. Die SuS lesen den Text und überprüfen mithilfe der Rätselfragen ihr Verständnis. Anhand des Beispiels erkennen sie, wie man ein Vorurteil überprüfen kann. Anschließend überprüfen sie selbst ein eigenes Vorurteil und suchen nach Gegenbeweisen. Die Ergebnisse können anschließend exemplarisch im Plenum geteilt werden. Ziel sollte sein, so viele Vorurteile wie möglich zu entlarven.	EA UG	Text *Warum Vorurteile normal, aber trotzdem gefährlich sind …*; AB *Vorurteile – Aufgaben*
Schluss	Die LK liest den SuS *Das Märchen von den zwei Königen* vor. LK: „Was hat das Märchen mit Vorurteilen zu tun?“ Die SuS stellen die Verbindung zum Thema Vorurteile her, indem sie erkennen, dass der erste König vom Fehlverhalten einer einzigen Person auf eine ganze Gruppe schloss und dadurch eine Spaltung des Volkes bewirkte. Sie reflektieren auch, wie es dem zweiten König gelang, diese Spaltung wieder rückgängig zu machen.	UG	*Das Märchen von den zwei Königen*

Welches Kind ist es?

1. Lies die Texte. Sieh dir die Kinder an.
2. Welches Kind passt zu welchem Text? Schreibe die Namen auf die Linien.

Das Kind mag Pferde. Alle Wände seines Zimmers sind mit Pferdepostern geschmückt. Auf einem Reiterhof erhält das Kind einmal pro Woche Reitunterricht. An den übrigen Tagen hilft es, die Pferde zu putzen.

Der Name dieses Kindes lautet wahrscheinlich: ____________________

Das Kind ist riesiger Autofan. Gemeinsam mit seinem Vater verbringt das Kind viel Zeit mit der elektrischen Rennbahn, die im Hobbykeller der Familie steht. Oft steuert das Kind die Rennautos geschickter als der Vater.

Der Name dieses Kindes lautet wahrscheinlich: ____________________

In der Freizeit liest dieses Kind am liebsten. Märchen mag es besonders gerne, aber auch Sachbücher findet es spannend. Im Zimmer des Kindes warten drei Stapel neue Bücher schon darauf, gelesen zu werden.

Der Name dieses Kindes lautet wahrscheinlich: ____________________

Fragt man das Kind nach seinem Lieblingsessen, bekommt man eine schnelle Antwort: Pizza! Ob Salamipizza, Pizza mit mehreren Käsesorten oder Pizza mit Pilzen – für dieses Kind gibt es nichts, was es lieber isst.

Der Name dieses Kindes lautet wahrscheinlich: ____________________

Fabio	Theresa	Simon	Lisa

Warum Vorurteile normal, aber trotzdem gefährlich sind ...

Was ist ein Vorurteil?
„Die Lieblingsfarbe aller Mädchen ist Rosa." „Jungen weinen nicht."
Diese Sätze hast du vielleicht schon einmal gehört oder gelesen. Es handelt sich dabei um Vorurteile. Ein Vorurteil ist ein vorschnell getroffenes Urteil, das auf alle Mitglieder einer Gruppe zutreffen soll. Also auf alle Mädchen, alle Jungen usw.

Wie entsteht ein Vorurteil?
Vorurteile entstehen, indem wir hören und abspeichern, was Eltern oder Freunde über andere Menschen sagen. Dann übernehmen wir oft ihre Meinung, ohne darüber nachzudenken. Auch durch die Nachrichten oder eigene Erfahrungen entstehen Vorurteile. Nicht alle Informationen, die unser Gehirn abspeichert, sind richtig. Trotzdem macht unser Gehirn eine allgemeingültige Regel aus ihnen.
Man kann also behaupten, für ein Vorurteil kann man zunächst einmal gar nichts.

Wieso merkt sich das Gehirn auch Informationen, die gar nicht wahr sind?
Wir denken täglich bis zu 80.000 Gedanken. Damit wir in jeder Situation blitzschnell auf die richtigen Informationen zugreifen können, teilt unser Gehirn diese in Gruppen ein. Du kannst dir diese Gruppen vorstellen wie Schubladen im Kopf.
Das war früher überlebenswichtig. Trafen unsere Vorfahren auf einen Bären, öffnete sich im Kopf die Schublade „Bär", in der Informationen wie „gefährlich" oder „schnell wegrennen" enthalten waren. Denken wir heute zum Beispiel an Mädchen, greift unser Gehirn auf Informationen zurück wie „mögen Rosa", „haben lange Haare" etc. Auch dann, wenn diese Informationen nicht auf alle Mädchen zutreffen.

Bist du deinen Vorurteilen hilflos ausgeliefert?
Nein! Du kannst sie überprüfen, indem du dich fragst: „Stimmt das, was ich gerade denke?" Wenn du erkennst, dass gar nicht alle Mädchen Rosa mögen oder lange Haare haben, wirst du das in Zukunft auch nicht mehr vorschnell über Mädchen denken. Zack, gibt es ein Vorurteil weniger!

Können Vorurteile gefährlich werden?
Es ist wichtig, nicht an Vorurteilen festzuhalten. Denn wenn du sie für wahr hältst, handelst du auch entsprechend. Das kann für die jeweilige Gruppe, gegen die sich das Vorurteil richtet, sehr schlimm sein. Ein Beispiel für so ein Vorurteil wäre: „Muslime passen nicht zu Deutschland." Menschen, die davon überzeugt sind, behandeln muslimische Personen meist auch schlechter als andere. Stell dir vor, wie sich das für muslimische Personen anfühlt, die in Deutschland leben.

Vorurteile – Aufgaben

1. Kreuze die richtige Antwort an.

   Ein Vorurteil ist …

   ○ eine gründlich überlegte Aussage, die bewiesen ist.
   ○ ein vorschnell getroffenes Urteil, das nicht bewiesen ist.

   Vorurteile entstehen, …

   ○ indem wir ungeprüft die Aussagen anderer Menschen als wahr erachten.
   ○ indem wir kritisch über das nachdenken, was wir von anderen hören.

   Vorurteile kann man …

   ○ widerlegen, indem man sie überprüft.
   ○ nicht verändern. Man hat sie das ganze Leben.

   Gefährlich können Vorurteile besonders für die Menschen werden, …

   ○ gegen die sie sich richten.
   ○ die sie in die Welt setzen.

2. Vorurteile können widerlegt werden, indem man Gegenbeweise findet.
   Lies das Beispiel.

   > Vorurteil: Kinder sind laut.
   > Gegenbeweise:
   > - Es gibt auch schüchterne und stille Kinder.
   > - Sind Kinder in ein Spiel vertieft, sind sie meist leise.
   > - Kein Kind ist immer und ausschließlich laut.

3. Schreibe ein Vorurteil auf, das du kennst. Finde Gegenbeweise wie im Beispiel.

   Das Vorurteil: ______________________________

   Die Gegenbeweise:

   - ______________________________
   - ______________________________
   - ______________________________

Lernbiene®

Vorurteile – Aufgaben (Lösung)

1. Kreuze die richtige Antwort an.

   Ein Vorurteil ist …

   ○ eine gründlich überlegte Aussage, die bewiesen ist.
   ⊗ ein vorschnell getroffenes Urteil, das nicht bewiesen ist.

   Vorurteile entstehen, …

   ⊗ indem wir ungeprüft die Aussagen anderer Menschen als wahr erachten.
   ○ indem wir kritisch über das nachdenken, was wir von anderen hören.

   Vorurteile kann man …

   ⊗ widerlegen, indem man sie überprüft.
   ○ nicht verändern. Man hat sie das ganze Leben.

   Gefährlich können Vorurteile besonders für die Menschen werden, …

   ⊗ gegen die sie sich richten.
   ○ die sie in die Welt setzen.

2. Vorurteile können widerlegt werden, indem man Gegenbeweise findet.
   Lies das Beispiel.

   > Vorurteil: Kinder sind laut.
   > Gegenbeweise:
   > - Es gibt auch schüchterne und stille Kinder.
   > - Sind Kinder in ein Spiel vertieft, sind sie meist leise.
   > - Kein Kind ist immer und ausschließlich laut.

3. Schreibe ein Vorurteil auf, das du kennst. Finde Gegenbeweise wie im Beispiel.

   Das Vorurteil: *(Vorschlag): Alle Menschen aus Italien essen gerne Pizza.*

   Die Gegenbeweise:

   - *In Italien werden viele weitere leckere Gerichte gekocht.*
   - *Auch in Italien gibt es Menschen mit Allergien, die z. B. kein Mehl essen.*
   - *Nur weil Pizza aus Italien stammt, muss nicht jeder Italiener Pizza mögen.*

Das Märchen von den zwei Königen

Ein König regierte einst über ein Volk, das aus vielen unterschiedlichen Gruppierungen bestand. Es gab die Blauen, die Grünen, die Gelben, die Roten und viele mehr.
Die Menschen lebten friedlich miteinander, bis ein Mann aus der Gruppe der Gelben versuchte, dem König eine Kuh zu stehlen, und dabei erwischt wurde. Zur Strafe musste er einen Monat lang harte Arbeit verrichten. Der König war nicht sehr weise und so kam er zu dem Schluss: „Wenn ein Gelber mich bestehlen will, dann wollen die übrigen Gelben das sicherlich auch." Daher ließ er verkünden, dass fortan niemand mehr einer Person aus der Gruppe der Gelben vertrauen sollte.

Die Menschen fügten sich der Anweisung ihres Königs, denn er war schließlich ihr Oberhaupt. Sie wandten sich von den Gelben ab, so dass diese nur noch unter ihresgleichen miteinander verkehrten. Ein unsichtbarer tiefer Riss zog sich durch das Volk. Die Gelben wurden von allen anderen misstrauisch beäugt und man mied sie, egal ob es sich um ein Kind, eine Frau oder einen Mann handelte. So ging das jahrelang, bis der König alt wurde und schließlich starb.

Nachfolger des Königs wurde sein ältester Sohn. Im Gegensatz zu seinem Vater betrachtete er die Spaltung seines Volkes mit Sorge. Er hinterfragte die Überzeugung seines Vaters, dass man einer ganzen Gruppe misstrauen sollte, nur weil sich einer von ihnen falsch verhalten hat. Der König wollte seine eigenen Erfahrungen mit den Gelben machen. Also verkleidete er sich als einfacher Mann und suchte ihre Märkte und Wirtshäuser auf. Auch ihren Handwerkern, Kräuterfrauen und Bauern stattete er einen Besuch ab. Überall wurde er freundlich behandelt und fair bedient. So wurde dem König klar, dass seine gelben Untertanen sich nicht vom übrigen Volk unterschieden. Der König wollte den Fehler seines Vaters wieder gutmachen. Er veranstaltete ein großes Fest für das ganze Volk. Dabei entschuldigte er sich für die Feindseligkeit seines Vaters und bat alle, wieder aufeinander zuzugehen. Seine Rechnung ging auf: Die Menschen, die sich jahrelang gemieden hatten, gingen wieder aufeinander zu. Sie freundeten sich an und bald heirateten auch wieder gelbe Personen Menschen der anderen Gruppen. Zum Glück war der Riss, der das Volk lange gespalten hatte, nach einiger Zeit nicht mehr vorhanden. Und wenn sie nicht gestorben sind, dann leben sie noch heute.

Stundenhinweise (1)

Lernziele und Überblick

In diesem Kapitel setzen sich die Kinder mit den eigenen Stärken und Talenten auseinander. Sie reflektieren, warum sie eine gute Freundin bzw. ein guter Freund sind, und beschäftigen sich mit der Einzigartigkeit ihres Körpers.
Vertrauen in die eigene Selbstwirksamkeit sowie ein positives Verhältnis zum eigenen Körper stärken die Schüler*innen mental und bilden eine gute Grundlage, um Resilienz zu entwickeln.

Stundenverlauf

Phase	Inhalt	Sozialform	Material
Einstieg	Die Klasse kommt im Sitzkreis zusammen. LK: „Ich reiche gleich eine Kiste herum, die du öffnen darfst. Verrate den anderen Kindern nicht, was sich darin befindet, und bleibe ruhig. Gib sie dann an das Kind links von dir weiter.“ Ein Kind darf die Aufschrift auf der Kiste laut vorlesen: „Hier siehst du einen Menschen mit vielen Stärken und Talenten“. Die LK klärt bei Bedarf, was man unter Stärken und Talenten versteht, und lässt die SuS Beispiele nennen. Die LK reicht eine Kiste mit aufklappbarem Deckel herum. Die Kinder klappen nacheinander den Deckel der Kiste hoch, sehen auf einen am Boden festgeklebten Spiegel und erblicken darin ihr eigenes Spiegelbild. LK: „Was wollte dir diese Übung sagen?“ Die SuS reflektieren die Aussage der Übung. (= Ich bin ein Mensch mit vielen Stärken und Talenten.)	Sitzkreis	Kiste mit Spiegel (innen) + Aufschrift (außen)

Stundenhinweise (2)

Phase	Inhalt	Sozialform	Material
Erarbeitung	Die Kinder setzen oder legen sich bequem hin. Die LK liest *Eine Traumreise zu den eigenen Stärken* vor. Im Hintergrund kann ruhige Entspannungsmusik laufen. In der Traumreise beschäftigen sich die Kinder mit ihren Stärken und Talenten. Diese sollen sie sich für die weiteren Unterrichtsschritte gut merken.	Sitzkreis	*Eine Traumreise zu den eigenen Stärken;* optional: Entspannungsmusik
Vertiefung	Die LK teilt das AB *Eine Schatztruhe voller Stärken und Talente* aus. Die Kinder malen oder schreiben um die Schatztruhe herum, welche Stärken und Talente sie auszeichnen. Anschließend fragen die SuS ein anderes Kind, welche Stärke/positive Eigenschaft es an ihnen schätzt, und teilen auch dem anderen Kind mit, was sie an ihm schätzen.	EA PA	AB *Eine Schatztruhe voller Stärken und Talente*
Übung I	Die LK teilt das AB *Wir sind gute Freundinnen und Freunde!* aus. Die SuS notieren Gründe, warum sie eine gute Freundin bzw. ein guter Freund sind. Diese schreiben sie um die Zeichnung herum. Im Anschluss dürfen die Kinder jeweils einen Grund innerhalb einer Gesprächsrunde vorlesen.	EA UG	AB *Wir sind gute Freundinnen und Freunde!*
Übung II	Die LK teilt das AB *Ein Liebesbrief an meinen Körper* aus. Die Kinder beschäftigen sich mit ihrem Körper. Sie schreiben einen Liebesbrief an ihren eigenen Körper und halten darin fest, was sie an ihm mögen und wofür sie ihm dankbar sind. Daraufhin kann eine kurze Präsentationsrunde stattfinden, in welcher die Kinder, wenn sie möchten, ihren Brief vorlesen oder einen Punkt daraus nennen dürfen.	EA UG	AB *Ein Liebesbrief an meinen Körper*

Eine Traumreise zu den eigenen Stärken

Mache es dir bequem und schließe deine Augen. Lausche deinem Atem und fühle, wie sich deine Brust hebt und senkt. Lass alles los, was dich gerade beschäftigt.

Stelle dir vor, du gehst an einem friedlichen Sommertag spazieren. Die Wärme der Sonne ist angenehm auf deiner Haut. Du fühlst dich wohl und bist fröhlich. Vor dir liegt ein kleiner Wald und der Weg, auf dem du dich befindest, führt direkt darauf zu. Die Blätter der Bäume rascheln leise und der Schatten im Wald erfrischt dich.

Plötzlich wirst du auf ein Geräusch aufmerksam. Etwas klingt wie ein Krächzen. Da, schon wieder hörst du ein „Kra, kra“. Vor dir auf dem Boden entdeckst du einen ungewöhnlich bunten Vogel. Vorsichtig gehst du auf den Vogel zu und da geschieht etwas Faszinierendes: In Sekundenschnelle gewinnt der Vogel an Größe. Als du schließlich vor ihm stehst, ist er in etwa so groß wie du selbst. Der Vogel spricht dich an: „Kra, kra, ich grüße dich. Ich heiße Arix und ich möchte dich zu einer Reise einladen. Steig auf. Ich bringe dich an einen schönen Ort.“ Du bist sprachlos, aber du spürst, dass du Arix vertrauen kannst. Sanft schwingst du dich auf seinen weich gefiederten Rücken und er fliegt mit dir los.

Arix gleitet sachte und sicher über die Landschaft hinweg. In einiger Entfernung bemerkst du ein Glitzern auf der Erde. Als ihr näher kommt, erkennst du, dass es sich um einen See handelt. Wie tausende Kristalle funkelt das klare Wasser dir entgegen. Arix wendet sich zu dir und krächzt: „Das ist ein Zaubersee. Schaust du in ihn hinein, erkennst du all deine Stärken und Talente überdeutlich. Alles, was dich ausmacht, spiegelt sich im See wider. Na, was kannst du erkennen?“ Du blickst lange in den See und nimmst all deine Stärken wahr. Nimm dir einen Moment Zeit, um sie zu verinnerlichen und sie für immer in dir abzuspeichern. (1–2 min Pause)

Lächelnd und selbstbewusst siehst du schließlich vom See zu Arix auf. Er bringt dich wieder zurück zum Wald. Du steigst ab, bedankst dich bei ihm und sagst ihm Lebewohl. Auf dem Nachhauseweg lässt du dir noch einmal alle deine Stärken und Talente, die du im See erkennen konntest, durch den Kopf gehen. Auch wenn du dich mal nicht gut fühlst, weißt du, dass du dich immer an sie erinnern kannst.

Eine Schatztruhe voller Stärken und Talente

1. Stelle dir vor:
   Eine Person, die dich gerne mag, erzählt von deinen Stärken und Talenten.
2. Schreibe oder male alle deine Stärken und Talente um die Schatztruhe herum.

3. Suche dir ein Partnerkind. Nennt euch jeweils eine Stärke, eine gute Eigenschaft oder ein Talent, das ihr am anderen toll findet.

Wir sind gute Freundinnen und Freunde!

1. Stelle dir vor: Eine Freundin oder ein Freund von dir zählt Gründe auf, warum sie oder er gerne mit dir befreundet ist.
2. Schreibe diese Gründe um das Bild herum.
   Beispiele: Ich helfe gerne. Ich bin aufmerksam.

Ein Liebesbrief an meinen Körper

Dein Körper ist einzigartig. Kein anderer Mensch sieht aus wie du. Gleichzeitig ist dein Körper ein wahres Wunderwerk. Jeden Tag und jede Nacht erfüllt er unzählige Aufgaben, damit du unbeschwert leben kannst.

1. Schreibe einen „Liebesbrief“ an deinen Körper und beantworte darin folgende Fragen: Was magst du an deinem Körper? Was gefällt dir an ihm? Wofür bist du ihm dankbar?

Lieber Körper,

Stundenhinweise (1)

Lernziele und Überblick

Die Schüler*innen lernen, zwischen respektlosem und respektvollem Verhalten zu unterscheiden. Zudem wiederholen sie das Kernprinzip der Goldenen Regel. Als praktische Übung denken sie sich ein mögliches Feedback aus, das Kritik zulässt, aber respektvoll bleibt.
Respektloses Verhalten erkennen zu können, ist eine wichtige Voraussetzung dafür, selbst respektvoll mit anderen Menschen umzugehen und die eigene Wahrnehmung diesbezüglich zu schärfen.

Stundenverlauf

Phase	Inhalt	Sozialform	Material
Einstieg	Die Klasse kommt im Sitzkreis zusammen. Die LK zeigt den SuS die *Bildkarte*, auf der sich ein Mädchen respektlos gegenüber seiner Lehrerin verhält. Die SuS dürfen sich frei dazu äußern. Die LK legt die *Wortkarte* mit der Aufschrift „Respekt“ in die Mitte des Sitzkreises. Die SuS stellen die Verbindung zu dem Situationsbild her und merken an, dass es sich hier um respektloses Verhalten handelt.	Sitzkreis	*Bildkarte*; *Wortkarte*
Erarbeitung I	Die LK teilt das AB *Was bedeutet Respekt?* aus. Die Kinder beurteilen zusammen mit einem Partnerkind fünf Situationen danach, ob respektvolles oder respektloses Verhalten vorliegt. Anschließend füllen sie auf dem AB den Lückentext zur Goldenen Regel aus. Mündlich können die Kinder in einem anschließenden Gespräch noch von weiteren ihnen bekannten respektlosen Situationen erzählen, falls in dieser Hinsicht Redebedarf bestehen sollte.	PA UG	AB *Was bedeutet Respekt?*

Stundenhinweise (2)

Phase	Inhalt	Sozialform	Material
Erarbeitung II	Die LK teilt das AB *Was ist hier nicht okay?* aus. Die SuS sehen sich die beiden Bilder an, die jeweils eine respektlose Situation zeigen. Die SuS beschreiben zunächst, worin in der jeweiligen Situation das respektlose Verhalten besteht, um dann eine Idee zu entwickeln, wie sich die Personen stattdessen verhalten sollten. Ihre Ergebnisse vergleichen sie mit einem Partnerkind.	EA PA	AB *Was ist hier nicht okay?*
Schluss	Die LK liest den Text *Veits Referat* vor. Die SuS äußern sich frei zu dem vorgelesenen Fall, stellen fest, dass das Feedback des Mitschülers respektlos war, und führen auch Gründe dafür an (z. B. nur negative Kritik, übertrieben, verallgemeinernd). Die LK teilt das AB *Faires Feedback* aus. Die Klasse liest gemeinsam die Tipps für ein faires Feedback. Bei jedem Tipp darf ein Kind ein (Negativ-)Beispiel formulieren. Die SuS formulieren gemeinsam mit ihrem Partnerkind unter Berücksichtigung der Tipps ein faires und respektvolles Feedback. Zum Abschluss können ein paar Kinder ihren Feedback-Vorschlag der Klasse präsentieren.	UG PA UG	Text *Veits Referat;* AB *Faires Feedback*

Bildkarte

Wortkarte

Respekt

Was bedeutet Respekt?

1. Welches Verhalten ist respektvoll? Welches ist respektlos? Kreuze an.

	respektvoll	respektlos
Miro liebt laute Musik. Meist dreht er sie abends voll auf. Ob es seine Familie oder die Nachbarn stört, ist ihm egal. Er denkt: „Wenn es sie stört, sind sie halt richtige Spießer!“		
Ihsan steigt in den recht vollen Bus ein. Mit seinem Rucksack rempelt er versehentlich eine Frau an. Er bemerkt es und sagt sofort: „Entschuldigen Sie bitte!“		
Im Sportunterricht spielt Tinas Klasse heute Brennball. Tinas Mannschaft verliert, weil sie den letzten Wurf vermasselt hat. Lia sagt tröstend: „Ist doch egal, dass wir verloren haben. Spaß gemacht hat es trotzdem!“		
Lea und Sarah sind auf einer Party. Lea merkt, dass Sarah traurig aussieht, aber sie möchte jetzt tanzen. Lea meint zu Sarah: „Jetzt guck doch nicht so blöd, du Spaßbremse!“		
Im Supermarkt schaut Susa beim Gehen auf ihr Handy. Prompt rempelt sie einen älteren Mann an. Er sagt zu Susa, dass sie besser aufpassen soll, wohin sie geht. Susa verdreht nur die Augen, sagt „Ja, ja!“ und läuft weiter.		

2. Lies den Text und setze die Wörter aus dem grauen Kasten ein.

Die **Goldene Regel** besagt, dass man andere Menschen so ____________________ soll, wie man selbst von ihnen behandelt werden möchte.

Man kann die Goldene Regel auch so formulieren: „Was du nicht willst, das man dir tut, das __________ auch keinem ________________ zu.“

Nehmen Menschen die ____________________ anderer wahr und denken nicht nur an sich selbst, können sie sich respektvoll verhalten.

füge · anderen · behandeln · Bedürfnisse

Was bedeutet Respekt? (Lösung)

1. Welches Verhalten ist respektvoll? Welches ist respektlos? Kreuze an.

	respektvoll	respektlos
Miro liebt laute Musik. Meist dreht er sie abends voll auf. Ob es seine Familie oder die Nachbarn stört, ist ihm egal. Er denkt: „Wenn es sie stört, sind sie halt richtige Spießer!“		X
Ihsan steigt in den recht vollen Bus ein. Mit seinem Rucksack rempelt er versehentlich eine Frau an. Er bemerkt es und sagt sofort: „Entschuldigen Sie bitte!“	X	
Im Sportunterricht spielt Tinas Klasse heute Brennball. Tinas Mannschaft verliert, weil sie den letzten Wurf vermasselt hat. Lia sagt tröstend: „Ist doch egal, dass wir verloren haben. Spaß gemacht hat es trotzdem!“	X	
Lea und Sarah sind auf einer Party. Lea merkt, dass Sarah traurig aussieht, aber sie möchte jetzt tanzen. Lea meint zu Sarah: „Jetzt guck doch nicht so blöd, du Spaßbremse!“		X
Im Supermarkt schaut Susa beim Gehen auf ihr Handy. Prompt rempelt sie einen älteren Mann an. Er sagt zu Susa, dass sie besser aufpassen soll, wohin sie geht. Susa verdreht nur die Augen, sagt „Ja, ja!“ und läuft weiter.		X

2. Lies den Text und setze die Wörter aus dem grauen Kasten ein.

Die **Goldene Regel** besagt, dass man andere Menschen so *behandeln* soll, wie man selbst von ihnen behandelt werden möchte.

Man kann die Goldene Regel auch so formulieren: „Was du nicht willst, das man dir tut, das *füge* auch keinem *anderen* zu.“

Nehmen Menschen die *Bedürfnisse* anderer wahr und denken nicht nur an sich selbst, können sie sich respektvoll verhalten.

füge · anderen · behandeln · Bedürfnisse

Was ist hier nicht okay?

1. Sieh dir die Bilder an. Was ist in den Situationen nicht okay? Schreibe auf.
2. Wie sollten sich die Kinder besser verhalten? Schreibe auf.
3. Vergleiche mit einem Partnerkind.

Das ist hier nicht okay:

So sollte es stattdessen sein:

Das ist hier nicht okay:

So sollte es stattdessen sein:

Was ist hier nicht okay? (Lösung)

1. Sieh dir die Bilder an. Was ist in den Situationen nicht okay? Schreibe auf.
2. Wie sollten sich die Kinder besser verhalten? Schreibe auf.
3. Vergleiche mit einem Partnerkind.

Das ist hier nicht okay:	So sollte es stattdessen sein:
Es ist nicht okay, dass der Junge das	*Niemand sollte einen anderen*
Mädchen gegen seinen Willen	*Menschen berühren, wenn dieser*
anfasst und auch nach Aufforderung	*das nicht möchte. Man sollte sich*
nicht damit aufhört.	*auch über niemanden lustig machen.*

Das ist hier nicht okay:	So sollte es stattdessen sein:
Es ist nicht okay, dass sich das	*Alle Kinder stellen sich an und*
Mädchen vordrängelt.	*warten so lange, bis sie an der Reihe*
	sind, um ihren Essenswunsch zu
	äußern.

Veits Referat

Veits großer Tag ist gekommen! Heute trägt er den Kindern seiner Klasse und der Lehrerin, Frau Simon, sein Referat über Briefmarken vor. Obwohl er sich gründlich mit dem Thema beschäftigt und schöne Fotos herausgesucht hat, ist Veit total nervös. Er hofft, dass den anderen sein Referat gefällt. Zu Beginn des Vortrags ist seine Aufregung am größten. Doch als er merkt, dass ihm viele seiner Freunde gespannt zuhören, legt sich seine Nervosität langsam und Veit wird immer selbstbewusster. Als er am Ende seines Referats angekommen ist, ist Veit ziemlich erleichtert. „Eigentlich hat doch alles ganz gut geklappt!", denkt sich Veit und klopft sich in Gedanken schon auf die Schulter.

Zum Schluss fragt Frau Simon die Klasse, wie den anderen das Referat gefallen hat. Da meldet sich Veits Mitschüler Anton und sagt: „Also mir hat dein Referat gar nicht gefallen, Veit. Das Thema war langweilig. Und dann hast du auch dauernd von deinem Zettel abgelesen. Das fand ich blöd. Die Fotos waren viel zu klein, das hättest du dir doch denken können. Und die Beispiele, die du gewählt hast, die haben gar nicht richtig zu deinem Thema gepasst. Und meist hast du so leise geredet, da habe ich nicht mal alles verstanden. Das Referat war total schlecht." Antons Worte fühlen sich für Veit an wie ein Schlag in die Magengrube. Veit lässt enttäuscht den Kopf hängen und setzt sich traurig auf seinen Platz.

Faires Feedback

Tipps für ein faires Feedback

- Sage am Anfang und Ende deines Feedbacks immer etwas Positives.
- Nenne höchstens zwei negative Punkte, an denen das Kind selbst etwas ändern kann.
- Sprich in der Ich-Perspektive: z. B. „Ich finde, dass …“, „Meiner Meinung nach …“, „Ich hatte den Eindruck, dass …“, „Mir ist aufgefallen, …“
- Achte darauf, dass dein Tonfall und deine Wortwahl respektvoll sind.

1. Formuliere zusammen mit einem Partnerkind ein faires Feedback für Veit. Beachtet die Tipps. Unten seht ihr Dinge, die bei dem Referat gut liefen, und Dinge, die nicht so gut liefen.

____

____

____

____

____

____

____

Das lief bei dem Referat gut:	Das lief bei dem Referat nicht so gut:
• schöne und passende Fotos • guter Aufbau des Referats • Inhalt verständlich	• oft vom Zettel abgelesen • etwas leise gesprochen • Fotos etwas zu klein

Stundenhinweise (1)

Lernziele und Überblick

Die Frage, was unter Rassismus zu verstehen ist, wird in der Unterrichtsstunde ebenso aufgegriffen wie die Frage nach dessen Ursprung.
Die Schüler*innen setzen sich mit Alltagsrassismus auseinander und werden sensibilisiert für einen bewussteren Umgang mit Sprache.
Ebenso lernen die Kinder anhand eines Beispiels, dass Rassismus abnimmt, wenn das Fremde vertraut wird.
Menschen, die aufgrund ihrer Hautfarbe rassistische Erfahrungen machen, bezeichnen sich selbst häufig als „Schwarze (Menschen)“.
Die Großschreibung des Begriffs macht auf diese Erfahrungen aufmerksam.

Stundenverlauf

Phase	Inhalt	Sozialform	Material
Einstieg	Die Klasse kommt im Sitzkreis zusammen. Die LK liest die Geschichte *Hauptrolle zu vergeben* vor. Alternativ lesen ein oder mehrere Kinder die Geschichte laut vor. Die SuS äußern sich zunächst frei zu der Geschichte. LK: „Was denkst du über Johannas Aussage?“ Die SuS diskutieren darüber, ob es fair ist, Mali nur wegen ihrer Hautfarbe die Rolle der Rapunzel zu verweigern. Die LK stellt bei Bedarf kritische Nachfragen: • Wie würdest du dich an Malis Stelle fühlen? • Dürfte Schneewittchen dann auch nur ein schwarzhaariges Kind spielen? • Was passiert, wenn es in der Theater-AG kein Mädchen mit langen, blonden Haaren gibt? • Dürften die erwachsenen Rollen dann auch nur von Erwachsenen gespielt werden? • Ist es für die Rollenverteilung wichtiger, welches Kind äußerlich zu der Rolle passt oder welches die Rolle besser spielt? Wichtig ist hier, dass die Lehrkraft verschiedene Meinungen zulässt und nicht eine bestimmte Meinung forciert.	Sitzkreis	Text *Hauptrolle zu vergeben*

Stundenhinweise (2)

Phase	Inhalt	Sozialform	Material
Erarbeitung	Die LK teilt das AB *Was ist Rassismus?* aus. Die SuS lesen den Text über Rassismus und dessen Ursachen. Anhand der Ankreuzübung testen sie ihr Verständnis.	EA	AB *Was ist Rassismus?*
Vertiefung	Die LK teilt das AB *Worte können wehtun* aus. Zusammen mit ihrem Partnerkind überlegen die Kinder bei drei für Alltagsrassismus beispielhaften Situationen, was daran für die betroffenen Kinder jeweils verletzend sein könnte. Sie notieren ihre Vermutungen. Die Ergebnisse werden im Plenum besprochen. An dieser Stelle können die SuS auch reflektieren, ob sie solche Situationen selbst schon einmal erlebt haben, unabhängig davon, in welcher Rolle sie dabei waren.	PA UG	AB *Worte können wehtun*
Schluss	Die LK teilt das AB *Eine augenöffnende Begegnung* aus. Gemeinsam lesen die SuS die Geschichte. Die SuS äußern sich zunächst frei zu der Geschichte. Anschließend bearbeitet die Klasse im Plenum die beiden Aufgaben 2 und 3. Die SuS teilen und sammeln ihre Überlegungen in einem offenen Gespräch. Die LK notiert das Gesagte an der Tafel mit. Zusammen füllt die Klasse die Schreiblinien aus. Die LK notiert dafür die Antworten auf dem AB unter der Dokumentenkamera.	UG	AB *Eine augenöffnende Begegnung*; Tafel; Dokumentenkamera

Hauptrolle zu vergeben

Heute ist ein ganz besonderer Tag. Denn heute erfahren die Kinder der Theater-AG, welches Stück sie dieses Jahr am Schulfest aufführen werden. Mali liebt es, auf der Bühne zu stehen, in verschiedene Rollen zu schlüpfen und in tollen Kostümen aufzutreten. Ihr größter Wunsch ist es, später mal eine berühmte Schauspielerin zu werden. Die Lehrerin Frau Schuchert und die anderen Kinder sind sich einig, dass Mali mit Abstand die beste Schauspielerin in der Theater-AG ist. Mali ist schon ganz aufgeregt, welches Stück Frau Schuchert ausgewählt hat. Sie hofft, dass sie wieder eine große Rolle spielen darf.

Um 13 Uhr ist es endlich soweit. Als alle Kinder der Theater-AG anwesend sind, verkündet Frau Schuchert freudig: „Beim nächsten Schulfest werden wir das Märchen „Rapunzel“ aufführen.“ Mali jubelt, Rapunzel ist eines ihrer Lieblingsmärchen! Liebend gerne würde sie die Rapunzel im Theaterstück sein.

Aufgeregt sprechen die Kinder darüber, wer welche Rolle spielen möchte.
Da sprudelt es aus Mali heraus: „Ich möchte unbedingt die Rapunzel sein!“ Aber die anderen Kinder in der Gruppe schauen Mali ungläubig an. Johanna schüttelt schließlich den Kopf und sagt: „Du kannst auf keinen Fall die Rapunzel spielen. Rapunzel hat weiße Haut und lange blonde Haare. Wie soll das denn gehen?“
Ein paar Kinder nicken und stimmen Johanna zu.

Mali blickt an sich herunter auf ihre dunkelbraune Haut. Ihre Haare sind auch nicht lang und blond, sondern kurz und dunkel. Für Mali fühlen sich die Worte an wie ein Stich ins Herz. Dabei hatte sie sich doch schon so auf die nächste Aufführung gefreut. Enttäuscht lässt Mali den Kopf hängen ...

Was ist Rassismus?

1. Lies den Text.

Das Wort „Rassismus“ leitet sich vom Begriff „Rasse“ ab. Sicher kennst du den Ausdruck Rasse in Bezug auf Hunde. Pudel und Dackel sind zum Beispiel zwei unterschiedliche Rassen. Bei Menschen gibt es keine Rassen wie bei Hunden. Trotzdem teilen manche Personen die Menschheit in Rassen ein. Sie halten Menschen mit weißer Hautfarbe oder Menschen, die in Deutschland geboren sind, für wertvoller als andere Menschen. Menschen, die das behaupten, werden Rassisten genannt. Rassisten lehnen andere aufgrund deren Herkunft, Hautfarbe oder Religion ab. Rassismus zeigt sich in fiesen Kommentaren, Beleidigungen oder sogar in Gewalt. So ein Verhalten ist rassistisch. Rassistisch denkenden Menschen ist es egal, wie klug, nett oder hilfsbereit andere Menschen sind. Sie beurteilen andere nur danach, welche Hautfarbe sie haben, aus welchem Land sie kommen oder woran sie glauben. Aber das ist nicht gerecht.

Rassismus gibt es schon sehr lange: Schon vor mehr als 500 Jahren begannen die Europäer, ihnen bis dahin fremde Kontinente zu entdecken. Die dort lebenden Menschen wurden zu Sklaven erklärt und hatten fortan keinerlei Rechte mehr. Als Sklaven mussten sie für die Europäer schwer arbeiten. Sie wurden in andere Länder verschleppt. Viele Sklaven starben. Die weißen Europäer fühlten sich den Schwarzen Menschen überlegen.

2. Kreuze an, ob die Aussagen richtig oder falsch sind.

	richtig	falsch
Bei Hunden gibt es verschiedene Rassen.		
Auch bei Menschen gibt es verschiedene Rassen.		
Manche Menschen lehnen andere ab. Sie denken, dass sie selbst besser und wertvoller sind als andere Menschen.		
Die Hautfarbe, die Herkunft und die Religion sind allen Menschen unwichtig.		
Andere Menschen aufgrund ihrer Hautfarbe abzulehnen, ist rassistisch.		
Weiße Europäer versklavten vor über 500 Jahren Schwarze Menschen und fühlten sich ihnen überlegen.		

Was ist Rassismus? (Lösung)

1. Lies den Text.

Das Wort „Rassismus“ leitet sich vom Begriff „Rasse“ ab. Sicher kennst du den Ausdruck Rasse in Bezug auf Hunde. Pudel und Dackel sind zum Beispiel zwei unterschiedliche Rassen. Bei Menschen gibt es keine Rassen wie bei Hunden. Trotzdem teilen manche Personen die Menschheit in Rassen ein. Sie halten Menschen mit weißer Hautfarbe oder Menschen, die in Deutschland geboren sind, für wertvoller als andere Menschen. Menschen, die das behaupten, werden Rassisten genannt. Rassisten lehnen andere aufgrund deren Herkunft, Hautfarbe oder Religion ab. Rassismus zeigt sich in fiesen Kommentaren, Beleidigungen oder sogar in Gewalt. So ein Verhalten ist rassistisch. Rassistisch denkenden Menschen ist es egal, wie klug, nett oder hilfsbereit andere Menschen sind. Sie beurteilen andere nur danach, welche Hautfarbe sie haben, aus welchem Land sie kommen oder woran sie glauben. Aber das ist nicht gerecht.

Rassismus gibt es schon sehr lange: Schon vor mehr als 500 Jahren begannen die Europäer, ihnen bis dahin fremde Kontinente zu entdecken. Die dort lebenden Menschen wurden zu Sklaven erklärt und hatten fortan keinerlei Rechte mehr. Als Sklaven mussten sie für die Europäer schwer arbeiten. Sie wurden in andere Länder verschleppt. Viele Sklaven starben. Die weißen Europäer fühlten sich den Schwarzen Menschen überlegen.

2. Kreuze an, ob die Aussagen richtig oder falsch sind.

	richtig	falsch
Bei Hunden gibt es verschiedene Rassen.	X	
Auch bei Menschen gibt es verschiedene Rassen.		X
Manche Menschen lehnen andere ab. Sie denken, dass sie selbst besser und wertvoller sind als andere Menschen.	X	
Die Hautfarbe, die Herkunft und die Religion sind allen Menschen unwichtig.		X
Andere Menschen aufgrund ihrer Hautfarbe abzulehnen, ist rassistisch.	X	
Weiße Europäer versklavten vor über 500 Jahren Schwarze Menschen und fühlten sich ihnen überlegen.	X	

Worte können wehtun

Manchmal sagt man etwas, das andere verletzt, obwohl man das gar nicht wollte. Wenn wir besser darauf achten, wie unsere Äußerungen beim Gegenüber ankommen, passiert uns das in Zukunft seltener.

1. Lies die Texte.
2. Warum fühlen sich Malika, Murat und Li-Ming verletzt?
   Überlege mit einem Partnerkind.
   Schreibt eure Vermutungen auf.

Im Unterricht sollen sich die Kinder selbst malen. Susa fragt ihre Sitznachbarin Malika: „Kannst du mir bitte die Hautfarbe leihen?“ Malikas Haut ist braun. Sie reicht Susa ohne nachzudenken einen dunkelbraunen Stift. Susa ruft: „Nee, ich will die richtige Hautfarbe! Das ist doch keine Hautfarbe!“

____

____

____

Murat ist neu in der Klasse. Tommi fragt ihn: „Woher kommst du?“ Murat antwortet: „Aus Dortmund, wie du.“ Tommi hakt nach: „Nee, ich meine, woher kommst du wirklich? Also woher kommen deine Eltern?“ Murat reagiert genervt. Er weiß, worauf Tommi hinauswill: „Meine Eltern sind in der Türkei geboren. Aber ich in Dortmund!“ Tommi antwortet: „Achso, ja dann bist du Türke! Wusste ich's doch!“

____

____

____

Li-Ming steht an der Haltestelle, als eine ältere Frau sie nach dem Weg fragt. Li-Ming gibt ihr die gewünschte Auskunft. Die Frau bedankt sich und sagt erstaunt: „Du sprichst ja richtig gut Deutsch!“ Li-Ming schaut die Frau verständnislos an.

____

____

____

Worte können wehtun (Lösung)

Manchmal sagt man etwas, das andere verletzt, obwohl man das gar nicht wollte. Wenn wir besser darauf achten, wie unsere Äußerungen beim Gegenüber ankommen, passiert uns das in Zukunft seltener.

1. Lies die Texte.
2. Warum fühlen sich Malika, Murat und Li-Ming verletzt?
   Überlege mit einem Partnerkind.
   Schreibt eure Vermutungen auf.

Im Unterricht sollen sich die Kinder selbst malen. Susa fragt ihre Sitznachbarin Malika: „Kannst du mir bitte die Hautfarbe leihen?“ Malikas Haut ist braun. Sie reicht Susa ohne nachzudenken einen dunkelbraunen Stift. Susa ruft: „Nee, ich will die richtige Hautfarbe! Das ist doch keine Hautfarbe!“

Vorschlag: Für Malika ist Susas Bemerkung über die „richtige Hautfarbe“ verletzend. Da Malika eine braune Haut hat, ist für sie der dunkle Stift die normale Hautfarbe.

Murat ist neu in der Klasse. Tommi fragt ihn: „Woher kommst du?“ Murat antwortet: „Aus Dortmund, wie du.“ Tommi hakt nach: „Nee, ich meine, woher kommst du wirklich? Also woher kommen deine Eltern?“ Murat reagiert genervt. Er weiß, worauf Tommi hinauswill: „Meine Eltern sind in der Türkei geboren. Aber ich in Dortmund!“ Tommi antwortet: „Achso, ja dann bist du Türke! Wusste ich's doch!“

Vorschlag: Murat fühlt sich verletzt, weil Tommi behauptet, dass er Türke und kein Deutscher ist, obwohl er in Deutschland geboren wurde. Tommi ist automatisch davon ausgegangen, vermutlich aufgrund Murats Namen und Aussehen.

Li-Ming steht an der Haltestelle, als eine ältere Frau sie nach dem Weg fragt. Li-Ming gibt ihr die gewünschte Auskunft. Die Frau bedankt sich und sagt erstaunt: „Du sprichst ja richtig gut Deutsch!“ Li-Ming schaut die Frau verständnislos an.

Vorschlag: Li-Ming fühlt sich verletzt, denn sie lebt seit ihrer Geburt in Deutschland und spricht schon immer Deutsch. Die Frau hat mit ihrer Reaktion gezeigt, dass sie nicht damit gerechnet hat, dass Li-Ming Deutsche ist.

Eine augenöffnende Begegnung

1. Lies die Geschichte.

Semiha ist in ihrem Zimmer, als sie draußen einen lauten Krach hört. Als sie aus dem Fenster schaut, sieht sie, dass ein Skateboardfahrer gestürzt ist. Das ist ja Leo aus ihrer Klasse! Sofort läuft Semiha zu ihm hinaus. Der Junge ist vom Sturz noch ganz benommen. In der Schule hatten Leo und Semiha noch nicht viel miteinander zu tun. Semihas Religion ist der Islam. Sie trägt auch ein Kopftuch. Deshalb fand Leo das Mädchen immer etwas merkwürdig.

Semiha bringt Leo ins Haus. Ihre Mutter schaut nach den Verletzungen und holt Leo ein Kühlpad. Jetzt geht es ihm schon besser. Die Familie lädt Leo zum Essen ein. Es gibt Sigara Börek. Leo hat diese kleinen Teigröllchen noch nie gegessen. Semiha nimmt einen Börek und hält ihn wie eine Zigarre vor ihren Mund. Da müssen alle lachen. „Ich hätte nicht gedacht, dass Semiha so lustig ist!“, denkt Leo erstaunt. Dann nimmt er auch einen Börek und beißt ab. Hmm, lecker! Später zeigt Semiha ihm noch ihr Zimmer. „Wow, du hast ja auch ein Aquarium!“, ruft Leo begeistert. Eine Weile tauschen sie sich über die bunten Fische aus, dann muss Leo nach Hause. Auf dem Heimweg denkt Leo, dass er Semiha gar nicht mehr so merkwürdig findet.

2. Was denkst du: Wie kommt es, dass Leo Semiha plötzlich anders sieht? Schreibe deine Vermutungen auf.

____

____

____

3. Stelle dir vor, in deiner Klasse wird ein Kind aufgrund seiner Religion, seiner Hautfarbe oder seiner Herkunft gehänselt. Was könntest du dagegen tun?

____

____

____

Eine augenöffnende Begegnung (Lösung)

1. Lies die Geschichte.

Semiha ist in ihrem Zimmer, als sie draußen einen lauten Krach hört. Als sie aus dem Fenster schaut, sieht sie, dass ein Skateboardfahrer gestürzt ist. Das ist ja Leo aus ihrer Klasse! Sofort läuft Semiha zu ihm hinaus. Der Junge ist vom Sturz noch ganz benommen. In der Schule hatten Leo und Semiha noch nicht viel miteinander zu tun. Semihas Religion ist der Islam. Sie trägt auch ein Kopftuch. Deshalb fand Leo das Mädchen immer etwas merkwürdig.

Semiha bringt Leo ins Haus. Ihre Mutter schaut nach den Verletzungen und holt Leo ein Kühlpad. Jetzt geht es ihm schon besser. Die Familie lädt Leo zum Essen ein. Es gibt Sigara Börek. Leo hat diese kleinen Teigröllchen noch nie gegessen. Semiha nimmt einen Börek und hält ihn wie eine Zigarre vor ihren Mund. Da müssen alle lachen. „Ich hätte nicht gedacht, dass Semiha so lustig ist!“, denkt Leo erstaunt. Dann nimmt er auch einen Börek und beißt ab. Hmm, lecker! Später zeigt Semiha ihm noch ihr Zimmer. „Wow, du hast ja auch ein Aquarium!“, ruft Leo begeistert. Eine Weile tauschen sie sich über die bunten Fische aus, dann muss Leo nach Hause. Auf dem Heimweg denkt Leo, dass er Semiha gar nicht mehr so merkwürdig findet.

2. Was denkst du: Wie kommt es, dass Leo Semiha plötzlich anders sieht? Schreibe deine Vermutungen auf.

Vorschlag: Zuvor hatten Leo und Semiha nicht viel miteinander zu tun. Als Leo sie näher kennenlernt, merkt er, dass sie und ihre Familie sehr freundlich und nicht merkwürdig sind. Mit dem Aquarium haben sie auch noch eine Gemeinsamkeit.

3. Stelle dir vor, in deiner Klasse wird ein Kind aufgrund seiner Religion, seiner Hautfarbe oder seiner Herkunft gehänselt. Was könntest du dagegen tun?

Vorschlag: Ich kann den anderen Kindern sagen, dass sie damit aufhören sollen und dass es egal ist, welche Hautfarbe, Religion oder Herkunft jemand hat. Ich kann der Lehrkraft davon erzählen. Ich kann mich mit dem Kind anfreunden.

Stundenhinweise (1)

Lernziele und Überblick

Die Schüler*innen versetzen sich in die Lage von Menschen mit Einschränkungen (z. B. Gehen, Sehen, Hören) und bekommen so ein Gefühl dafür, welche Hürden sich im Alltag dieser Menschen ergeben. Sie lernen den Begriff der Barrierefreiheit kennen und überprüfen ihr eigenes Schulgebäude, inwieweit es bereits barrierefrei ist. Die Kinder setzen sich mit der Autismus-Spektrum-Störung auseinander und entwickeln so mehr Verständnis für Menschen mit besonderen Bedürfnissen. Sie überlegen, wie sie anderen Personen helfen können. Indem sie von einer Situation berichten, in der sie selbst Hilfe in Anspruch nehmen mussten, wird ihnen bewusst, dass jede*r einmal Hilfe braucht. Das stärkt die Bereitschaft, anderen Menschen zu helfen/sich für andere Menschen einzusetzen.

Stundenverlauf

Phase	Inhalt	Sozialform	Material
Einstieg	Die LK zeigt den Kindern die *Bildkarte* unter der Dokumentenkamera. Die SuS äußern sich frei zum Bild. Alternativ stellt die Lehrkraft Fragen zum Bild. Mögliche Impulsfragen können der Reihe nach sein: • Was siehst du auf dem Bild? • Was ist hier das Problem? • Wie fühlt sich wohl der Junge? • Was würde dem Jungen helfen?	UG	*Bildkarte*; Dokumentenkamera
Erarbeitung I	Die LK teilt das AB *Was bedeutet barrierefrei?* aus. Die SuS lesen den Infotext zur Barrierefreiheit und ordnen den Beispielen die Maßnahmen zur Barrierefreiheit zu. Anschließend bespricht die Klasse die Aufgabe im Plenum.	EA UG	AB *Was bedeutet barrierefrei?*
Erarbeitung II	Die LK teilt das AB *Wie barrierefrei ist unsere Schule?* aus. In Vierergruppen und mit dem AB gehen die Kinder auf Erkundung durch ihre Schule und überprüfen anhand festgelegter Kriterien, wie barrierefrei sie bereits ist. Abschließend notieren sie, was an der eigenen Schule noch verbessert werden kann. Im Anschluss werden die Verbesserungsvorschläge im Plenum besprochen und ein Fazit gezogen.	GA UG	AB *Wie barrierefrei ist unsere Schule?*; pro Gruppe einen Meterstab/Maßband

Stundenhinweise (2)

Phase	Inhalt	Sozialform	Material
Vertiefung	Die LK teilt das AB *Warum trägt Max im Unterricht Kopfhörer?* aus.		AB *Warum trägt Max im Unterricht Kopfhörer?*
	Gemeinsam liest die Klasse den Text über den autistischen Jungen Max.	UG	
	Zusammen mit ihrem Partnerkind unterstreichen die SuS, auf welche Hilfestellungen Max in der Schule angewiesen ist, und notieren Schwierigkeiten, die er im Alltag hat.	PA	
	Die Aufgabe wird daraufhin im Plenum besprochen.	UG	
Schluss	Die LK teilt das AB *Jeder braucht mal Hilfe!* aus.		AB *Jeder braucht mal Hilfe!*
	Die Kinder versetzen sich in Situationen hinein, in denen jemand Hilfe benötigt und schreiben, wie sie jeweils hilfreich reagieren könnten.	EA	
	Dann ergänzen sie eine Situation, in der sie selbst schon einmal Hilfe benötigten und tauschen sich mit einem Partnerkind darüber aus.	PA	
	Die Aufgabe wird daraufhin im Plenum besprochen.	UG	
	Abschließend lenkt die LK das Gespräch auf das Fazit, dass jede*r einmal Hilfe braucht – auch Menschen ohne Beeinträchtigung/Behinderung.		

Bildkarte

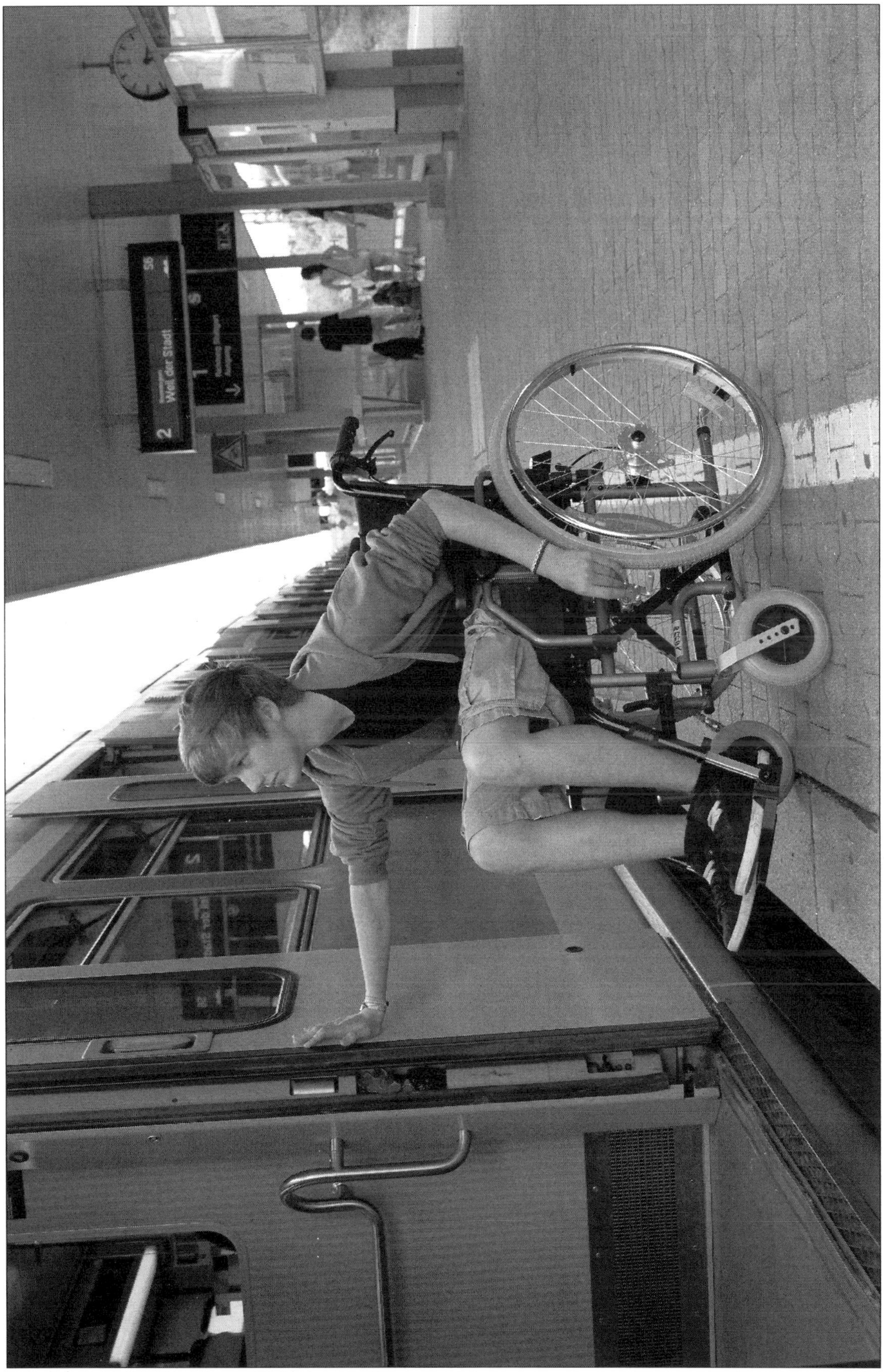

Was bedeutet barrierefrei?

1. Lies den Infotext.

Für manche Menschen gibt es im Alltag viele Barrieren. Eine Barriere ist ein Hindernis. Eine Barriere für Rollstuhlfahrer ist zum Beispiel eine Treppe. Aber niemand sollte benachteiligt werden, weil er oder sie eine Behinderung hat, schlecht Deutsch spricht oder krank ist. Darum ist Barrierefreiheit wichtig. Gebäude können barrierefrei sein, wenn sie zum Beispiel einen Aufzug oder Rampen besitzen. Dann können sich auch Rollstuhlfahrer selbstständig in dem Gebäude bewegen, ohne eine andere Person um Hilfe bitten zu müssen.

2. Was bräuchten diese Kinder, dass sie nicht benachteiligt werden?
   Notiere dafür jeweils die gleiche Zahl.

1	Lena sitzt im Rollstuhl. Heute möchte sie die Bücherei besuchen. Sie kann das Gebäude jedoch nicht betreten, da nur eine Treppe hineinführt.
2	Sina ist blind. Heute geht sie zu einem Konzert. Sina betritt das Theater, in dem das Konzert stattfindet. Doch weil sie dort noch nie war, kennt sie sich nicht aus.
3	Marius ist gehörlos. Er hat sich mit seinen Freunden zu einem Filmnachmittag verabredet. Als der Film beginnt, sehen und hören Marius Freunde den Film ganz normal. Aber Marius nimmt nur die Bilder wahr.
4	Nuria soll heute für ihr Referat im Internet recherchieren. Doch sie hat Schwierigkeiten beim Lesen. Bestehen die Texte aus langen, komplizierten Sätzen oder enthalten sie viele Fremdworte, versteht Nuria den Sinn nicht.

	Mithilfe von Schildern in Blindenschrift könnte sich dieses Kind im Gebäude besser zurechtfinden und erkennen, vor welchem Raum es steht.
	Mithilfe von Untertiteln könnte das Kind mitlesen, was in dem Film gesprochen wird. So könnte das Kind den Film verstehen.
	Mithilfe von Internetseiten, die in leichter Sprache verfasst sind oder die eine Vorlese-Funktion haben, könnte das Kind die Texte besser verstehen.
	Mithilfe einer Rampe könnte das Kind in das Gebäude gelangen.

Was bedeutet barrierefrei? (Lösung)

1. Lies den Infotext.

Für manche Menschen gibt es im Alltag viele Barrieren. Eine Barriere ist ein Hindernis. Eine Barriere für Rollstuhlfahrer ist zum Beispiel eine Treppe. Aber niemand sollte benachteiligt werden, weil er oder sie eine Behinderung hat, schlecht Deutsch spricht oder krank ist. Darum ist Barrierefreiheit wichtig. Gebäude können barrierefrei sein, wenn sie zum Beispiel einen Aufzug oder Rampen besitzen. Dann können sich auch Rollstuhlfahrer selbstständig in dem Gebäude bewegen, ohne eine andere Person um Hilfe bitten zu müssen.

2. Was bräuchten diese Kinder, dass sie nicht benachteiligt werden? Notiere dafür jeweils die gleiche Zahl.

1	Lena sitzt im Rollstuhl. Heute möchte sie die Bücherei besuchen. Sie kann das Gebäude jedoch nicht betreten, da nur eine Treppe hineinführt.
2	Sina ist blind. Heute geht sie zu einem Konzert. Sina betritt das Theater, in dem das Konzert stattfindet. Doch weil sie dort noch nie war, kennt sie sich nicht aus.
3	Marius ist gehörlos. Er hat sich mit seinen Freunden zu einem Filmnachmittag verabredet. Als der Film beginnt, sehen und hören Marius Freunde den Film ganz normal. Aber Marius nimmt nur die Bilder wahr.
4	Nuria soll heute für ihr Referat im Internet recherchieren. Doch sie hat Schwierigkeiten beim Lesen. Bestehen die Texte aus langen, komplizierten Sätzen oder enthalten sie viele Fremdworte, versteht Nuria den Sinn nicht.

2	Mithilfe von Schildern in Blindenschrift könnte sich dieses Kind im Gebäude besser zurechtfinden und erkennen, vor welchem Raum es steht.
3	Mithilfe von Untertiteln könnte das Kind mitlesen, was in dem Film gesprochen wird. So könnte das Kind den Film verstehen.
4	Mithilfe von Internetseiten, die in leichter Sprache verfasst sind oder die eine Vorlese-Funktion haben, könnte das Kind die Texte besser verstehen.
1	Mithilfe einer Rampe könnte das Kind in das Gebäude gelangen.

Wie barrierefrei ist unsere Schule?

1. Macht einen Rundgang durch eure Schule. Ihr braucht einen Meterstab oder ein Maßband. Kreuzt an und findet heraus, wie barrierefrei eure Schule bereits ist.

	ja	nein
Am Eingang und Ausgang gibt es keine Treppe. Falls es eine Treppe gibt, gibt es eine Rampe (z. B. für Rollstuhlfahrer/Menschen mit Krücken).		
Falls es mehrere Stockwerke gibt, gibt es einen Aufzug (z. B. für Rollstuhlfahrer/Menschen mit Krücken).		
Die Türen und Durchgänge sind mindestens 90 cm breit (z. B. für Rollstuhlfahrer).		
Bei den Treppen gibt es Handläufe, damit sich Menschen festhalten können, die nicht so sicher gehen können.		
Es gibt elektrische Türöffner für Menschen, die die Türen nicht selbst öffnen können (z. B. für Rollstuhlfahrer).		
Es gibt mindestens eine Toilettenkabine, die für Rollstuhlfahrer geeignet ist. Sie hat ausreichend Platz, eine Notrufanlage und an der Toilette Stützgriffe zum Festhalten.		
Es gibt tastbare Markierungen (z. B. Noppen oder Rillen) auf dem Fußboden, an denen sich sehbehinderte Menschen orientieren können.		
Es gibt Schilder in verschiedenen Sprachen, damit sich auch Menschen, die noch kein Deutsch sprechen, zurechtfinden.		
Es gibt einen Raum, in den sich Kinder zurückziehen können, wenn sie kurz mal Ruhe brauchen.		

2. Was könnte an eurer Schule noch verbessert werden? Schreibt auf.

____

____

____

____

____

Warum trägt Max im Unterricht Kopfhörer?

Max geht in die dritte Klasse. Seit der Einschulung sitzt er neben Lena, auch wenn die übrigen Kinder oft neue Sitzpartner wählen. Max und Lena sind schon ihr Leben lang befreundet. Max verträgt es nicht gut, wenn sich Dinge ändern. Das macht ihn nervös. Lena sitzt aber gerne neben Max.

Gibt die Lehrerin der Klasse eine Aufgabe, so schreibt sie die Aufgabenstellung für Max auf einen kleinen Zettel und legt diesen auf seinen Tisch. So kann Max immer wieder nachlesen, was gerade von ihm erwartet wird. Das hilft ihm, sich zu konzentrieren und eine Sache nach der anderen abzuarbeiten. Während der Arbeitsphasen trägt Max oft einen Kopfhörer. So kann er sich besser konzentrieren. Geräusche lenken ihn nämlich schnell ab und lösen bei ihm Stress und Unruhe aus.

Zuhause liest Max viele Bücher. Lena sagt manchmal zu ihm, er sei ein wandelndes Lexikon, denn Max weiß über viele Dinge Bescheid.

Eine Sache fällt ihm jedoch schwer: Freundschaften zu schließen. Max schaut anderen Menschen nicht gerne in die Augen, denn das fühlt sich für ihn unangenehm an. Ihm fällt es außerdem sehr schwer, sich in andere Menschen hineinzuversetzen. Max erkennt zum Beispiel nicht, wenn ein Mitschüler traurig ist. Er spielt häufig lieber allein oder mit Lena, denn ihr vertraut er.

Seine Eltern haben Max bei einem Psychologen testen lassen. Max ist Autist. Dennoch möchte er keine Förderschule besuchen, sondern eine ganz normale Grundschule. Und wenn Lena an seiner Seite ist, ist für Max die Welt in Ordnung.

1. Lies den Text.
2. Suche dir ein Partnerkind.
   Unterstreicht, welche Hilfestellungen Max im Schulalltag braucht.
3. Zählt einige der Schwierigkeiten auf, die Max in seinem Alltag als Autist hat.

Warum trägt Max im Unterricht Kopfhörer? (Lösung)

Max geht in die dritte Klasse. Seit der Einschulung sitzt er neben Lena, auch wenn die übrigen Kinder oft neue Sitzpartner wählen. Max und Lena sind schon ihr Leben lang befreundet. Max verträgt es nicht gut, wenn sich Dinge ändern. Das macht ihn nervös. Lena sitzt aber gerne neben Max.

Gibt die Lehrerin der Klasse eine Aufgabe, so schreibt sie die Aufgabenstellung für Max auf einen kleinen Zettel und legt diesen auf seinen Tisch. So kann Max immer wieder nachlesen, was gerade von ihm erwartet wird. Das hilft ihm, sich zu konzentrieren und eine Sache nach der anderen abzuarbeiten. Während der Arbeitsphasen trägt Max oft einen Kopfhörer. So kann er sich besser konzentrieren. Geräusche lenken ihn nämlich schnell ab und lösen bei ihm Stress und Unruhe aus.

Zuhause liest Max viele Bücher. Lena sagt manchmal zu ihm, er sei ein wandelndes Lexikon, denn Max weiß über viele Dinge Bescheid.

Eine Sache fällt ihm jedoch schwer: Freundschaften zu schließen. Max schaut anderen Menschen nicht gerne in die Augen, denn das fühlt sich für ihn unangenehm an. Ihm fällt es außerdem sehr schwer, sich in andere Menschen hineinzuversetzen. Max erkennt zum Beispiel nicht, wenn ein Mitschüler traurig ist. Er spielt häufig lieber allein oder mit Lena, denn ihr vertraut er.

Seine Eltern haben Max bei einem Psychologen testen lassen. Max ist Autist. Dennoch möchte er keine Förderschule besuchen, sondern eine ganz normale Grundschule. Und wenn Lena an seiner Seite ist, ist für Max die Welt in Ordnung.

1. Lies den Text.
2. Suche dir ein Partnerkind.
   Unterstreicht, welche Hilfestellungen Max im Schulalltag braucht.
3. Zählt einige der Schwierigkeiten auf, die Max in seinem Alltag als Autist hat.

Er hat ein Problem mit Veränderungen, z. B. neuen Sitzpartnern. Geräusche lenken ihn ab und lösen bei ihm Stress aus. Max kann sich manchmal schlecht konzentrieren. Deshalb braucht er Unterstützung beim Lernen (z. B. Zettel seiner Lehrerin). Er hat Schwierigkeiten, Freundschaften zu schließen und Menschen in die Augen zu schauen. Max fällt es schwer, sich in andere hineinzuversetzen.

Jeder braucht mal Hilfe!

1. Lies die Situationen.

2. Überlege, wie du helfen könntest. Schreibe es jeweils darunter.

Du bist im Supermarkt. Du siehst, wie ein blinder Mann schon eine ganze Zeit lang nach einem Produkt sucht. Kürzlich hat der Supermarkt die Regale neugeordnet. Deshalb stehen nun viele Dinge an einem anderen Platz.

____

____

____

Deine Freundin ist sehr traurig, weil ihr Opa ins Krankenhaus eingeliefert wurde. Sie hat Angst und kann sich im Unterricht überhaupt nicht konzentrieren.

____

____

____

Ein Kind eurer Schule ist Autist. In der Pause entsteht ein Streit zwischen ihm und anderen Schülern. Du bemerkst, dass er kurz davor ist, die Schüler zu schlagen, weil ihn die Situation überfordert.

____

____

____

3. Schreibe auf, in welcher Situation du selbst einmal Hilfe gebraucht hast. Erzähle einem Partnerkind davon.

____

____

____

Jeder braucht mal Hilfe! (Lösung)

1. Lies die Situationen.

2. Überlege, wie du helfen könntest. Schreibe es jeweils darunter.

Du bist im Supermarkt. Du siehst, wie ein blinder Mann schon eine ganze Zeit lang nach einem Produkt sucht. Kürzlich hat der Supermarkt die Regale neugeordnet. Deshalb stehen nun viele Dinge an einem anderen Platz.

Ich gehe zu dem Mann und frage ihn, ob ich ihm helfen kann. Wenn er möchte, führe ich ihn zu dem gesuchten Produkt oder ich bringe es ihm.

Deine Freundin ist sehr traurig, weil ihr Opa ins Krankenhaus eingeliefert wurde. Sie hat Angst und kann sich im Unterricht überhaupt nicht konzentrieren.

Ich frage sie, ob ich etwas für sie tun kann. Wenn sie möchte, nehme ich sie in den Arm. Ich mache ihr Mut.

Ein Kind eurer Schule ist Autist. In der Pause entsteht ein Streit zwischen ihm und anderen Schülern. Du bemerkst, dass er kurz davor ist, die Schüler zu schlagen, weil ihn die Situation überfordert.

Ich gehe zu den Kindern und versuche den Streit zu schlichten. Ich sage den anderen Schülern, sie sollen den autistischen Jungen bitte in Ruhe lassen. Ich hole die Pausenaufsicht.

3. Schreibe auf, in welcher Situation du selbst einmal Hilfe gebraucht hast. Erzähle einem Partnerkind davon.

Beispiel: Ich habe einmal den Schlüssel zu unserer Wohnung vergessen und meine Eltern waren nicht da. Es hat geregnet und es war kalt. Ich habe bei einer Nachbarin geklingelt. Bei ihr durfte ich warten, bis meine Eltern heimkamen.

Stundenhinweise (1)

Lernziele und Überblick

Den Schüler*innen wird die Verschiedenartigkeit von Familien bewusst, indem sie sich mit unterschiedlichen Familienkonstellationen und -formen auseinandersetzen. Die Lernenden erfahren, dass sich aus der Großfamilie die Kernfamilie entwickelte, zu der im Laufe der Zeit viele weitere Formen des Zusammenlebens kamen. Sie beschreiben auch ihre eigene Familie. Ziel ist die Wertfreiheit gegenüber jeglichem Familienmodell.

Stundenverlauf

Phase	Inhalt	Sozialform	Material
Einstieg	Die Klasse bildet einen Kreis. Die LK stellt Aussagen zum Thema Familie in den Raum wie z. B.: • Du lebst mit Mama und Papa zusammen. • Du lebst mit einem Elternteil zusammen. • Du hast keine Geschwister. • Du hast mehr als zwei Geschwister. • Zu eurer Familie gehört ein Haustier. • Du hast einen Bruder. • Deine Großeltern wohnen im gleichen Haus. Trifft die Aussage auf ein Kind zu, tritt dieses in die Mitte des Kreises. Trifft die Aussage nicht zu, bleibt das Kind an seinem Platz stehen. Nach jeder Frage gehen die Kinder wieder auf ihren Ausgangspunkt zurück.	UG	vorbereitete Aussagen
Erarbeitung I	Die LK schneidet im Vorfeld der Stunde die Texte *Das alles ist Familie!* und die Bilder *Wessen Familie ist es?* aus. Die LK teilt den Infotext mit den Aufgabenstellungen und die Texte (alles: ABs *Das alles ist Familie!*) sowie die Bilder der Familien (AB *Wessen Familie ist es?*) aus. In Gruppen à vier Kindern lesen die SuS zusammen den Infotext zur Entwicklung der Familienformen im Laufe der Geschichte. Anschließend lesen die SuS acht kurze Texte, die jeweils eine Familienform (Kernfamilie, Großfamilie, Regenbogenfamilie etc.) beschreiben, und ordnen sie dem entsprechenden Bild der Familie zu.	GA	pro Gruppe: Infotext + Aufgaben-stellungen + 8 Textstreifen (ABs *Das alles ist Familie!*) + 8 Bildkärtchen (AB *Wessen Familie ist es?*)

Stundenhinweise (2)

Phase	Inhalt	Sozialform	Material
Erarbeitung II	Die LK teilt das AB *Meine Familie* aus. Die Kinder beantworten Fragen zu ihrer eigenen Familie. Anschließend tauschen sie sich mit einem Partnerkind darüber aus, welche Gemeinsamkeiten und Unterschiede zwischen ihren Familien bestehen.	 EA PA	AB *Meine Familie*
Schluss	Zum Abschluss versammelt sich die Klasse im Sitzkreis. Die SuS berichten über besondere Momente des eigenen Familienlebens. Dafür stellt die LK Fragen wie: • Welches Essen gibt es bei euch oft und gerne? • Wie sieht ein typischer Sonntag(morgen) bei euch aus? • Was macht ihr als Familie am liebsten? • Welches Spiel spielt ihr gerne zusammen? • Worüber gibt es manchmal Streit? • Was war bisher euer schönster Familienurlaub?	Sitzkreis	vorbereitete Fragen

Das alles ist Familie! (1)

1. Lies den Text.

Früher lebten die Menschen häufig als **Großfamilien** zusammen. Drei oder vier Generationen wohnten unter einem Dach: Die Eltern, ihre Kinder, die Großeltern und manchmal sogar die Urgroßeltern. Jedes Familienmitglied hatte bestimmte Aufgaben zu erfüllen. So war die Betreuung der Kinder und die Versorgung der alten Menschen sichergestellt.

Später löste die **Kernfamilie** die Großfamilie ab: Nun lebten meist nur noch zwei Generationen zusammen: Die Eltern und ihre Kinder.

Heutzutage gibt es viele verschiedene Familienmodelle. Doch egal, in welcher Familienform du lebst – alle Arten sind gleichwertig.

2. Lest gemeinsam die Texte über die unterschiedlichen Familienformen. Wechselt euch mit dem Lesen nach jedem Text ab.

3. Schaut euch die Bilder an. Wessen Familie ist jeweils abgebildet? Ordnet die Bilder zu den passenden Texten.

Regenbogenfamilie

Tobi hat zwei Mamas. Er lebt mit Mama Jana, Mama Michaela und ihrem Hund Charly zusammen in Berlin. Seine Mamas sind miteinander verheiratet. Sie haben Tobi adoptiert, als dieser vier Jahre alt war. Wird Tobi nach seinen Eltern gefragt, erzählt er von seinen beiden Müttern. Im Freundeskreis der Familie gibt es auch zwei Männer, die ein Paar sind und Kinder adoptiert haben. Manche Menschen finden es interessant, wie Tobi lebt. Manchmal werden aber auch fiese Kommentare über seine Mamas und ihn abgegeben. Neulich grölten einige junge Männer den beiden Müttern entgegen: „Na, wer von euch beiden ist der Mann in der Beziehung?“ Tobi war empört über diese respektlose Äußerung. Hund Charly spürte die ungute Stimmung und verbellte die Pöbler. Das tröstete Tobi.

Das alles ist Familie! (2)

Ein-Eltern-Familie

Als Max vier Jahre alt war, begannen sich seine Eltern immer häufiger zu streiten. Zwei Jahre später haben seine Eltern ihm gesagt, dass sie sich trennen werden und dass Max und seine Zwillingsschwester Lillie nun mit ihrem Vater zusammenleben werden. Sein Vater Frank suchte eine Wohnung für sich und die Kinder. Seine Mutter Ina zog in eine andere Stadt, aber Max und Lillie besucht sie jedes zweite Wochenende. Erst waren die Zwillinge sehr traurig darüber, nicht mehr mit beiden Elternteilen zusammenzuleben. Trotzdem waren sie erleichtert, dass ihre Eltern sich nicht mehr stritten. Nach der Schule gehen die Geschwister in einen Hort, bis sie ihr Vater nach der Arbeit abholt. Dann kocht der Vater meist etwas und sie essen gemütlich zusammen.

Patchworkfamilie

Susas Eltern haben sich getrennt, als sie zwei Jahre alt war. Inzwischen hat sich ihre Mutter Tanja in einen neuen Mann namens Robert verliebt. Robert ist auch geschieden und hat ebenfalls einen Sohn aus seiner früheren Ehe. Nun leben sie zu viert in einem kleinen Häuschen auf dem Dorf. „Mama, ist Robert dann mein neuer Papa?“, fragte Susa ihre Mutter damals. „Nein, Susa, dein Papa bleibt dein Papa. Aber Robert wird sich trotzdem um dich kümmern und für dich da sein“, antwortete daraufhin ihre Mutter. Susa findet diese Vorstellung schön und freut sich auch ein bisschen, dass sie auf diese Weise noch einen Bruder dazugewonnen hat. Ihren Papa trifft Susa so oft wie möglich. Meist unternehmen sie etwas Schönes und abends bringt Papa Susa nach Hause.

Wahlfamilie

Lea lebt mit ihrem Vater Hannes in einer Wohngemeinschaft. Leas Mama ist vor fünf Jahren verstorben. Das war eine sehr schwere Zeit für Lea und ihren Vater. Leas Papa hat ein Jahr nach ihrem Tod die Wohngemeinschaft mit seinen zwei besten Freunden Adam und Sven gegründet. Jeder Bewohner hat ein eigenes Zimmer. Küche, Bad und Wohnzimmer teilen sie sich. Wird Lea gefragt, wie sie lebt, antwortet sie immer: „Ich lebe mit meiner Wahlfamilie zusammen.“ Jeder der Männer hat zweimal pro Woche Kochdienst. Am Sonntag gehen alle zusammen in einem Lokal essen. Lea lebt gerne mit Sven und Adam zusammen. Sie liebt es, mit ihrem Vater und seinen Freunden Fußball zu gucken. Einer der Erwachsenen hat immer ein offenes Ohr für sie. Und auch wenn ihr Papa mal außer Haus ist, ist Lea nie allein.

Das alles ist Familie! (3)

Kernfamilie

David lebt mit seiner Mama Stefanie, seinem Papa Karlo, seiner kleinen Schwester Franka und seiner großen Schwester Jara zusammen. Sie leben in einem Reihenhaus und die Kinder verbringen viel Zeit im Garten. Jeden Sonntag spielen sie gemeinsam Brettspiele. Davids Eltern haben geheiratet, als seine Mama mit Jara schwanger war. Die Eltern wollten mit der Hochzeit nach außen hin deutlich machen, dass sie eine Familie sind und zusammengehören.

Ein-Kind-Familie

Amir lebt zusammen mit seiner Mama Azra und seinem Papa Ali in einer kleinen, gemütlichen Wohnung in München. Amir hat keine Geschwister, aber das stört ihn nicht. In der Nachbarschaft und im Freundeskreis seiner Eltern gibt es viele Kinder, mit denen er oft spielt. Seine Eltern haben lange Zeit geglaubt, sie könnten keine Kinder bekommen. Als seine Mama dann mit 43 Jahren doch noch ungeplant schwanger wurde, haben sie sich riesig darüber gefreut. Amirs Mama sagt häufig zu Amir, dass er ihr persönliches kleines Wunder sei.

Pflegefamilie

Nico lebt bei Susanne und Frank Schmidt. Nicos leibliche Eltern waren nach Nicos Geburt mit ihrer Lebenssituation überfordert. Das Jugendamt hat dann eine Pflegefamilie für Nico gesucht und ist auf Susanne und Frank aufmerksam geworden. Die beiden haben Nico genauso lieb wie ihren leiblichen Sohn Nils. Einmal im Monat trifft Nico seine leiblichen Eltern. Das ist immer sehr aufregend für ihn. Meist ist Nico nach diesen Treffen etwas durcheinander. Susanne ist dann für ihn da und sagt: „Schau mal, Nico. Du bist eines der wenigen Kinder, das zwei Mamas und zwei Papas hat." Das muntert Nico auf und er ist froh, dass Susanne immer für ihn da ist.

Großfamilie

Lisa lebt in einem großen Haus zusammen mit Papa Lutz, Mama Sigrid, ihren Brüdern Emil und Leo und ihren Großeltern. In ein paar Monaten bekommt Lisa nochmal eine kleine Schwester, denn ihre Mama ist wieder schwanger. Lisa findet es klasse, dass ihre Oma und ihr Opa auch im Haus wohnen. „Es ist immer etwas los", sagt sie, „und wenn Mama und Papa mal nicht so viel Zeit haben, gehe ich mit Opa spazieren oder backe mit Oma einen Kuchen." Jeder muss im Haushalt ein bisschen mitanpacken. Lisas Aufgabe ist es, die Spülmaschine auszuräumen. Das macht Lisa nichts aus und sie ist sogar ein bisschen stolz, dass sie das so gut hinbekommt.

Wessen Familie ist es?

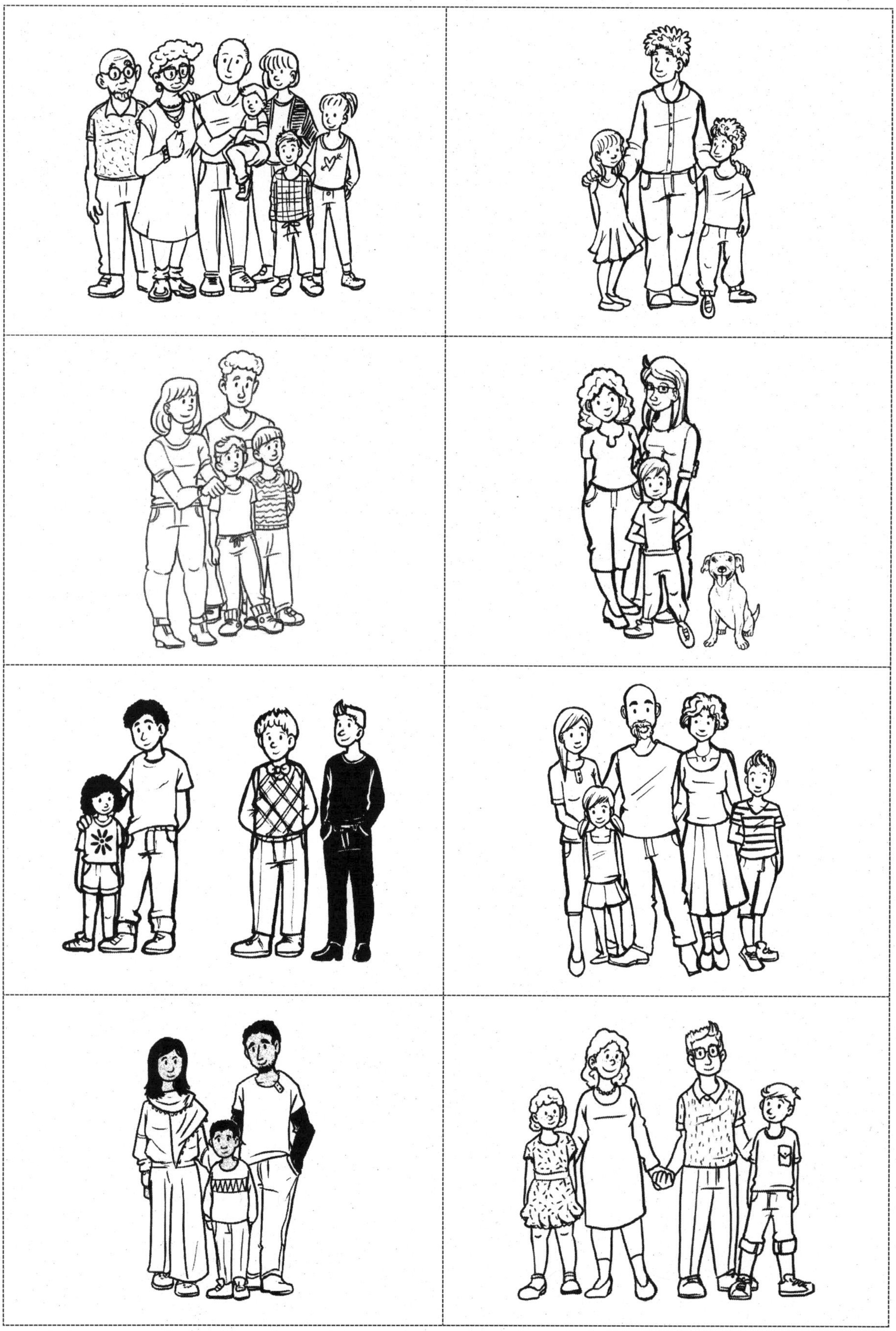

Wessen Familie ist es? (Lösung)

Das ist Lisas Großfamilie.	*Das ist Max' Ein-Eltern-Familie.*

Das ist Nicos Pflegefamilie.	*Das ist Tobis Regenbogenfamilie.*

Das ist Leas Wahlfamilie.	*Das ist Davids Kernfamilie.*

Das ist Amirs Ein-Kind-Familie.	*Das ist Susas Patchworkfamilie.*

Meine Familie

1. Beantworte die Fragen in Stichpunkten.

   Mit wem lebst du zusammen? ____________________

   ____

   Hast du Geschwister? Wenn ja, wie viele und wie heißen sie? ____________________

   ____

   Hast du ein eigenes Zimmer? ____________________

   Wohnst du in einem Haus oder in einer Wohnung? ____________________

   Welche Aufgaben übernimmst du in der Familie? ____________________

   ____

2. Male dich mit deiner Familie in den Bilderrahmen.

3. Suche dir ein Partnerkind. Vergleicht, welche Gemeinsamkeiten und Unterschiede es zwischen euren Familien gibt.

Stundenhinweise (1)

Lernziele und Überblick

Die Schüler*innen beschäftigen sich mit den Themen sexuelle und geschlechtliche Vielfalt. Sie erfahren, wofür sich der Christopher Street Day einsetzt und was man unter Hetero- und Homosexualität versteht. Sie werden dafür sensibilisiert, warum homosexuelle Menschen oft noch immer Angst haben, offen zu ihrer sexuellen Orientierung zu stehen. Anhand eines Lesetextes über ein transgeschlechtliches Kind überlegen sie selbst, wie ein wertschätzender Umgang mit diesem Kind aussehen kann. Ziel ist es, die Akzeptanz und den Respekt gegenüber allen Menschen und Lebensentwürfen zu fördern.

Stundenverlauf

Phase	Inhalt	Sozialform	Material
Einstieg	Die LK malt im Vorfeld eine Regenbogenfahne an die Tafel/das Smartboard. Alternativ kann die LK auch ein Bild einer Regenbogenfahne zeigen. Die SuS äußern sich frei dazu, was sie mit der Regenbogenfahne verbinden. Die LK schreibt die von den Kindern genannten Assoziationen wie eine Mindmap um die Fahne herum. Wichtig: In diesem Schritt werden falsche Annahmen oder Vorstellungen noch nicht korrigiert.	UG	gemalte Regenbogenfahne an der Tafel bzw. Smartboard
Hinführung	Die LK teilt das AB *Wofür steht der Christopher Street Day?* aus. Die SuS lesen den Text selbstständig und malen die Fahne passend an. Alternativ kann der Text auch gemeinsam in der Klasse gelesen werden. Im Anschluss wird nochmal ein Blick auf die Mindmap geworfen. Falsche Annahmen werden gestrichen/gelöscht und neu gewonnene Erkenntnisse werden in die Mindmap aufgenommen.	EA UG	AB *Wofür steht der Christopher Street Day?*

Stundenhinweise (2)

Phase	Inhalt	Sozialform	Material
Erarbeitung I	Die LK teilt das AB *Wo die Liebe hinfällt …* aus. Die Kinder lesen den kurzen Infotext und ordnen den Begriffen die passenden Erläuterungen zu. Sie erfahren Gründe, warum es Menschen immer noch schwerfällt, ihre Homosexualität zu leben, und sie formulieren selbst eine angemessene Reaktion, wenn eine Freundin sagen würde, sie hätte sich in ein Mädchen verliebt. Diese Aufgaben werden im Anschluss im Plenum besprochen.	EA UG	AB *Wo die Liebe hinfällt …*
Erarbeitung II	Die LK teilt das AB *Juliane heißt jetzt Julian* aus. Die SuS lesen den Text zusammen mit einem Partnerkind. Gemeinsam überlegen sie, wie die Mitschüler*innen am besten in der Situation reagieren könnten. Die gesammelten Vorschläge werden gemeinsam im Plenum besprochen.	PA UG	AB *Juliane heißt jetzt Julian*
Schluss	Den Abschluss bildet die Methode Blitzlicht: Die Kinder sagen der Reihe nach in einem Satz, was sie aus der heutigen Stunde mitnehmen bzw. was sie besonders interessant fanden.	UG	

Wofür steht der Christopher Street Day?

1. Lies den Text.

Mit dem Christopher Street Day (kurz: CSD) sind bunte Paraden in großen Städten auf der ganzen Welt verbunden. Dort feiern viele Menschen, dass alle so sein dürfen, wie sie sind und sich niemand verstecken muss. Der CSD setzt sich unter anderem für die Akzeptanz und die Rechte von Personen ein, die ...

- **homosexuell** sind. Das sind Menschen, die sich zum gleichen Geschlecht hingezogen fühlen. Also Männer, die Männer lieben (= schwul), oder Frauen, die Frauen lieben (= lesbisch).
- **bisexuell** sind. Das sind Menschen, die sich sowohl in Männer als auch in Frauen verlieben können.
- **transgeschlechtlich** sind. Das sind Menschen, die sich nicht (ganz) wohl mit dem Geschlecht fühlen, das ihnen bei ihrer Geburt zugewiesen wurde.
  Das kann zum Beispiel eine Person sein, die in einem Jungenkörper auf die Welt kam, sich aber fühlt wie eine Frau und auch als Frau leben möchte.

Diese und weitere Personengruppen erfahren häufig Ablehnung, Hass oder sogar Gewalt. Manche Menschen behaupten nämlich, dass Homosexualität oder Transgeschlechtlichkeit nicht "normal" oder gar eine Krankheit sei. Das ist jedoch Quatsch! Schwul, lesbisch oder transgeschlechtlich zu sein, ist völlig okay! Daran ist nichts Schlimmes! Dafür möchten die Menschen beim CSD ein Zeichen setzen.

Das Symbol des Christopher Street Day ist die Regenbogenfahne. Sie steht für Vielfalt, Frieden und Offenheit. So bunt wie die Farben in einem Regenbogen sind, so vielfältig sind nämlich auch die Menschen. Die Fahne ist ein Symbol, dass alle Menschen gleich sind, egal wen sie lieben oder welchem Geschlecht sie sich zugehörig fühlen.

2. Male die Regenbogenfahne in den Farben aus: rot • orange • gelb • grün • blau • lila

Wo die Liebe hinfällt ...

1. Lies den Text.

> Menschen, die sich in Personen des anderen Geschlechts verlieben, sind heterosexuell. Menschen, die sich in Personen des gleichen Geschlechts verlieben, sind homosexuell. Das sind Männer, die Männer lieben (= schwul), und Frauen, die Frauen lieben (= lesbisch). In wen man sich verliebt, kann man sich nicht aussuchen. Einige Wissenschaftler sagen, dass schon bei unserer Geburt feststeht, zu welchem Geschlecht wir uns hingezogen fühlen. Doch egal, ob man heterosexuell oder homosexuell ist: Beides ist völlig in Ordnung!

2. Verbinde die Begriffe mit der passenden Erklärung.

schwul •	• Zwei Menschen beider Geschlechter lieben sich.
lesbisch •	• Ein Mann liebt einen anderen Mann.
homosexuell •	• Zwei Menschen desselben Geschlechts lieben sich.
heterosexuell •	• Eine Frau liebt eine andere Frau.

3. Lies, was schwulen und lesbischen Menschen schon passiert ist.

> Als meine Freundin und ich uns küssten, wurden wir beschimpft.

> Meine Eltern meiden mich, seit sie wissen, dass ich schwul bin.

> Eine Dame sagte mal zu meinem Freund und mir, dass wir ekelhaft sind.

4. Was glaubst du: Warum trauen sich viele Menschen nicht zu sagen, dass sie schwul oder lesbisch sind?

____

____

5. Wie würdest du reagieren, wenn dir eine Freundin erzählen würde, dass sie sich in ein Mädchen verliebt hat? Schreibe eine passende Antwort auf.

____

____

Wo die Liebe hinfällt ... (Lösung)

1. Lies den Text.

Menschen, die sich in Personen des anderen Geschlechts verlieben, sind heterosexuell. Menschen, die sich in Personen des gleichen Geschlechts verlieben, sind homosexuell. Das sind Männer, die Männer lieben (= schwul), und Frauen, die Frauen lieben (= lesbisch). In wen man sich verliebt, kann man sich nicht aussuchen. Einige Wissenschaftler sagen, dass schon bei unserer Geburt feststeht, zu welchem Geschlecht wir uns hingezogen fühlen. Doch egal, ob man heterosexuell oder homosexuell ist: Beides ist völlig in Ordnung!

2. Verbinde die Begriffe mit der passenden Erklärung.

schwul	Zwei Menschen beider Geschlechter lieben sich.
lesbisch	Ein Mann liebt einen anderen Mann.
homosexuell	Zwei Menschen desselben Geschlechts lieben sich.
heterosexuell	Eine Frau liebt eine andere Frau.

3. Lies, was schwulen und lesbischen Menschen schon passiert ist.

Als meine Freundin und ich uns küssten, wurden wir beschimpft.

Meine Eltern meiden mich, seit sie wissen, dass ich schwul bin.

Eine Dame sagte mal zu meinem Freund und mir, dass wir ekelhaft sind.

4. Was glaubst du: Warum trauen sich viele Menschen nicht zu sagen, dass sie schwul oder lesbisch sind?

Sie haben Angst vor Ablehnung. Sie fürchten sich vor negativen Reaktionen ihres Umfelds.

5. Wie würdest du reagieren, wenn dir eine Freundin erzählen würde, dass sie sich in ein Mädchen verliebt hat? Schreibe eine passende Antwort auf.

Danke, dass du es mir erzählt hast. Das ist völlig in Ordnung und wird an unserer Freundschaft nichts ändern. Möchtest du darüber sprechen?

Juliane heißt jetzt Julian

1. Lies den Text zusammen mit einem Partnerkind.

Manchmal fühlen sich Menschen, als würden sie im falschen Körper stecken. So kann ein Mensch in einem Jungenkörper geboren werden und sich dennoch ganz tief im Inneren als Mädchen/Frau fühlen. Und umgekehrt kann sich ein Mensch als Junge/Mann fühlen, obwohl er einen Mädchenkörper hat. Wenn das eigene Gefühl nicht mit dem Geschlecht übereinstimmt, das einer Person bei der Geburt zugewiesen wurde, nennt man das Transgeschlechtlichkeit.

Juliane ist ein transgeschlechtliches Kind. Sie geht in die vierte Klasse. Die meisten ihrer Mitschülerinnen tragen lange Haare, aber Juliane mochte schon immer lieber kurze Haare. Schon als sie vier Jahre alt war, bat sie ihre Mama darum, ihre Haare raspelkurz abzuschneiden. Auch farbige Kleidung zieht Juliane nicht besonders gerne an. Um nichts in der Welt würde sie ein Kleid anziehen! Am liebsten trägt sie einfach die Klamotten ihres Bruders.

In den Pausen verbringt sie ihre Zeit gerne mit den Jungen und spielt am liebsten mit ihnen Fußball. Doch es kommt auch vor, dass sie in der Pause allein für sich in einer Ecke sitzt und dann ganz traurig wirkt. Wenn andere Kinder sie fragen, was mit ihr los ist, wird sie wütend und faucht: „Nichts ist los! Was soll denn sein?!"

Eines Morgens meldet sich Juliane im Unterricht. Frau Schmidt fragt: „Ja, Juliane?" Juliane steht auf und sagt ernst: „Ab heute sollt ihr Julian zu mir sagen." Erst einmal ist alles still. Frau Schmidt und die ganze Klasse sehen Juliane überrascht an. Dann fangen einige Kinder an zu kichern. Frau Schmidt ermahnt die Kinder und antwortet Juliane: „Ich habe verstanden, was du gesagt hast, Juliane, äh, Julian. Kannst du uns erklären, warum du ab jetzt Julian genannt werden möchtest?" Nun druckst Juliane etwas herum: „Ich fühle mich schon immer wie ein Junge. Auch meine Eltern haben das schon früh bemerkt. Wir haben beschlossen, dass ich das ab jetzt nicht mehr verstecke. Und dass ihr mich jetzt Julian nennen sollt."

2. Wie könnten die Mitschülerinnen und Mitschüler nun am besten reagieren? Besprich dich mit deinem Partnerkind.

Stundenhinweise (1)

Lernziele und Überblick

Die Schüler*innen beschäftigen sich mit dem Thema Flucht. Sie lernen die Geschichte eines Flüchtlingskindes und dessen langen und gefährlichen Weg nach Deutschland kennen. Sie erfahren Gründe, die Menschen dazu veranlassen, aus ihrer Heimat zu fliehen, und überlegen, wie sie ein geflüchtetes Kind, das neu in ihre Klasse kommt, am besten unterstützen können.

Stundenverlauf

Phase	Inhalt	Sozialform	Material
Einstieg	Die LK zeigt den Kindern die *Bildkarte* unter der Dokumentenkamera. Die SuS äußern sich frei zum Bild. Wenn nötig, ermuntert die LK die SuS, zu formulieren, was sie auf dem Bild sehen.	UG	*Bildkarte*; Dokumenten-kamera
Erarbeitung I	Die LK teilt die ABs *Azizas langer Weg nach Deutschland – Lesetext* aus. Die SuS lesen die Fluchtgeschichte des Mädchens Aziza. Zu jedem der vier Textabschnitte malen sie ein Bild und drücken so ihre Vorstellungen aus. Im Anschluss spricht die Klasse über das Gelesene.	EA UG	ABs *Azizas langer Weg nach Deutschland – Lesetext*
Erarbeitung II	Die LK teilt das AB *Azizas langer Weg nach Deutschland – Aufgaben* aus. Sie SuS setzen sich damit auseinander, welche Länder Azizas Familie bei ihrer Flucht durchquerte, und sie zeichnen den Fluchtweg in eine Karte ein. An dieser Stelle wären eine große Weltkarte oder ein Atlas schön, sodass die Kinder die Route noch einmal genauer nachvollziehen könnten. Bei Aufgabe 3 erfahren die Kinder in dem Lückentext von weiteren Gründen, warum sich Menschen auf die Flucht begeben. Die Aufgaben werden im Anschluss im Plenum besprochen.	EA UG	AB *Azizas langer Weg nach Deutschland – Aufgaben*; optional: Weltkarte / Atlas

Stundenhinweise (2)

Phase	Inhalt	Sozialform	Material
Vertiefung	Die LK teilt das AB *Azizas Tagebuch* aus. Die SuS versetzen sich in Azizas Lage und versuchen, ihre Empfindungen und Gedanken mittels eines Tagebucheintrags festzuhalten. Stichworte helfen ihnen dabei. Anschließend dürfen ein paar Kinder ihre Tagebucheinträge der Klasse vorlesen.	EA UG	AB *Azizas Tagebuch*
Übung	Die LK teilt das AB *Der Neue in der Klasse* aus. Zu zweit überlegen die SuS, wie sie einem geflüchteten Jungen, der in ihre Klasse käme, helfen könnten. Einige Vorschläge dürfen zum Schluss der Stunde im Plenum vorgestellt werden.	PA UG	AB *Der Neue in der Klasse*

Bildkarte

Azizas langer Weg nach Deutschland – Lesetext (1)

1. Lies den Text über die Flucht von Azizas Familie.
2. Male zu jedem Abschnitt ein passendes Bild in den Rahmen.

Die neunjährige Aziza lebt mit ihren Eltern in einem kleinen Dorf in Afghanistan. Nachts überfällt eine Gruppe an Menschen das Dorf. Bei der Gruppe handelt es sich um Terroristen. Sie verbreiten Angst und Schrecken und töten Menschen, die anders denken als sie selbst. Auch Azizas Familie muss sich vor ihnen verstecken, da sie die extremen Ansichten der Terroristen nicht teilt. In großer Angst packen Azizas Eltern rasch einige Kleidungsstücke und ihr ganzes Geld ein. „Wir müssen das Land verlassen. Sonst werden uns die Terroristen finden“, sagt Azizas Vater. Aziza will ihre Spielsachen einpacken, aber ihre Mutter erklärt ihr, dass sie nicht so viel mitnehmen können. Also wirft sie nur ihren Lieblingsteddy in die Tasche. Als Aziza die Zimmertür hinter sich schließt, muss sie weinen. Sie ahnt, dass sie hierher nie wieder zurückkommen wird. Die Familie läuft einige Tage zu Fuß bis nach Kabul, der Hauptstadt Afghanistans. Dort finden sie einen Fluchthelfer. Der bringt sie für viel Geld in das Nachbarland, den Iran.

Im Iran führen weitere Fluchthelfer die Familie durch das Land. Mal werden sie ein Stück mit einem Auto gefahren, dann müssen sie wieder viele Kilometer zu Fuß zurücklegen. Während dieser Zeit haben Aziza und ihre Eltern großen Hunger.
Die Fluchthelfer treiben sie an, schneller zu gehen. Immer droht die Gefahr, erwischt zu werden.
Nach einigen Tagen erreichen sie die Grenze zur Türkei. Doch bevor sie diese überqueren, werden sie von Räubern überfallen. Sie nehmen ihnen viel Bargeld ab. Schließlich ist die Familie in der Türkei, jedoch haben sie kaum mehr Geld bei sich.

Azizas langer Weg nach Deutschland – Lesetext (2)

Sie schaffen es durch das ganze Land bis zur türkischen Hafenstadt Izmir. Von dort wollen sie über das Mittelmeer erst auf die griechische Insel Lesbos und dann weiter auf das griechische Festland. Dafür müssen sie jedoch eine gefährliche und lange Fahrt in einem Schlauchboot überstehen. Das Boot ist bereits überfüllt, als Aziza und ihre Familie einsteigen. Dicht an dicht gedrängt sitzen Aziza und ihre Eltern mit vielen anderen Flüchtlingen im Boot. Aziza hat große Angst. Sie hat schon öfter davon gehört, dass solche Boote kentern. Doch sie haben Glück, der Seegang ist in dieser Nacht nicht so hoch wie sonst. Aziza dankt Gott, dass sie heil angekommen sind.

Von Griechenland geht die anstrengende Reise durch die Länder Nordmazedonien, Serbien, Ungarn, die Slowakei und Tschechien weiter. Teils läuft die Familie, teils fährt sie mit Bussen oder Autos. Sechs Wochen, nachdem sie ihr Zuhause verlassen haben, erreichen sie endlich ihr Ziel: Deutschland. Hier kommen sie zunächst in einer Flüchtlingsunterkunft in Dortmund unter. Aziza hat in Dortmund schon viele nette Menschen getroffen. Eine ältere Dame schenkte ihr sogar eine Puppe. Doch vor Kurzem wurden ihre Eltern von zwei jungen Männern auf offener Straße beschimpft, dass sie wieder dorthin zurückgehen sollen, wo sie herkommen, und dass sie hier nicht hergehören. Das macht Aziza sehr traurig, aber auch wütend. Verstehen diese Leute nicht, was sie in den letzten Monaten durchgemacht haben? Sie haben ihre Heimat ja nicht freiwillig verlassen. Jetzt muss die Familie schnell Deutsch lernen und sich ein neues Leben aufbauen. Doch Aziza muss sich erst noch an ihre neue Heimat gewöhnen. Auch die schlimmen Erlebnisse kann sie nicht vergessen. Nachts träumt sie oft von den Angriffen der Terroristen und der gefährlichen Flucht. Dann schreckt sie hoch, greift nach ihrem Teddy und erinnert sich daran, dass sie jetzt in Sicherheit ist …

Azizas langer Weg nach Deutschland – Aufgaben

1. Welche Länder hat Azizas Familie der Reihe nach auf ihrer Flucht durchquert? Ergänze die Ländernamen.

A________________ → I__________ → T__________ → G________________

→ N________________ → S________________ → U________________

→ S________________ → T________________ → D________________

2. Zeichne die Route auf der Karte ein.

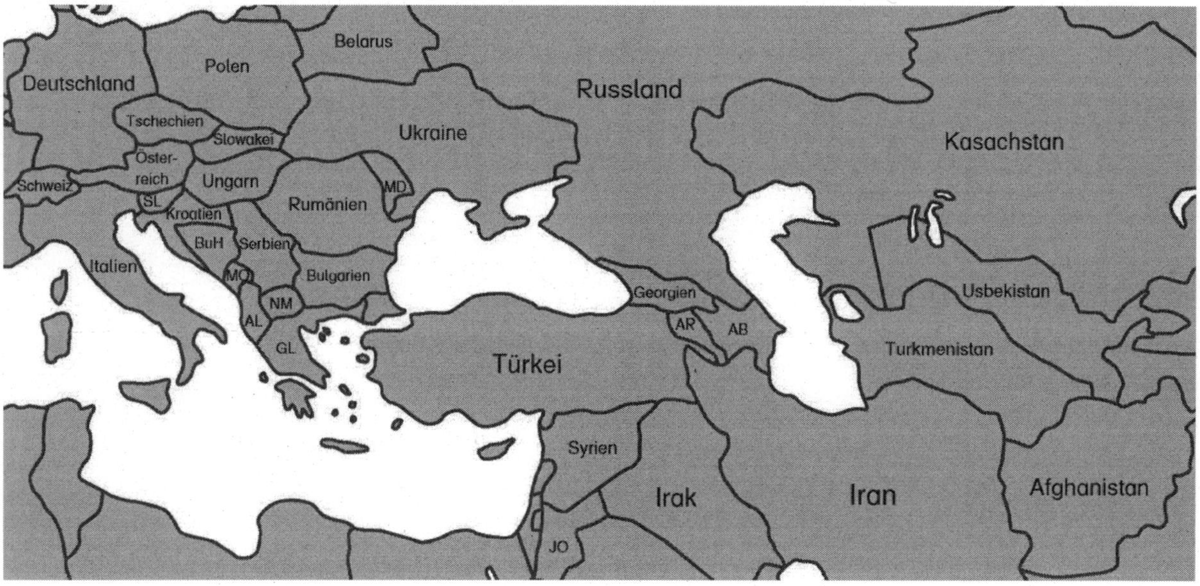

3. Fülle den Lückentext aus. Die Wörter im grauen Kasten helfen dir dabei.

Es gibt verschiedene Gründe, warum Menschen aus ihrem Heimatland in ein anderes Land fliehen. Azizas Familie musste aufgrund von ________________ um ihr Leben bangen. In vielen Ländern ist ______________ ein Grund zur Flucht. An anderen Orten haben die Menschen aufgrund von Hungersnöten, Trockenheit oder Überschwemmungen keine ________________ mehr. Wer flüchten muss, begibt sich auf eine ______________ Reise mit einer ungewissen ______________.

Lebensgrundlage • Krieg • Zukunft • Terroristen • gefährliche

Azizas langer Weg nach Deutschland – Aufgaben (Lösung)

1. Welche Länder hat Azizas Familie der Reihe nach auf ihrer Flucht durchquert? Ergänze die Ländernamen.

Afghanistan → Iran → Türkei → Griechenland

→ Nordmazedonien → Serbien → Ungarn

→ Slowakei → Tschechien → Deutschland

2. Zeichne die Route auf der Karte ein.

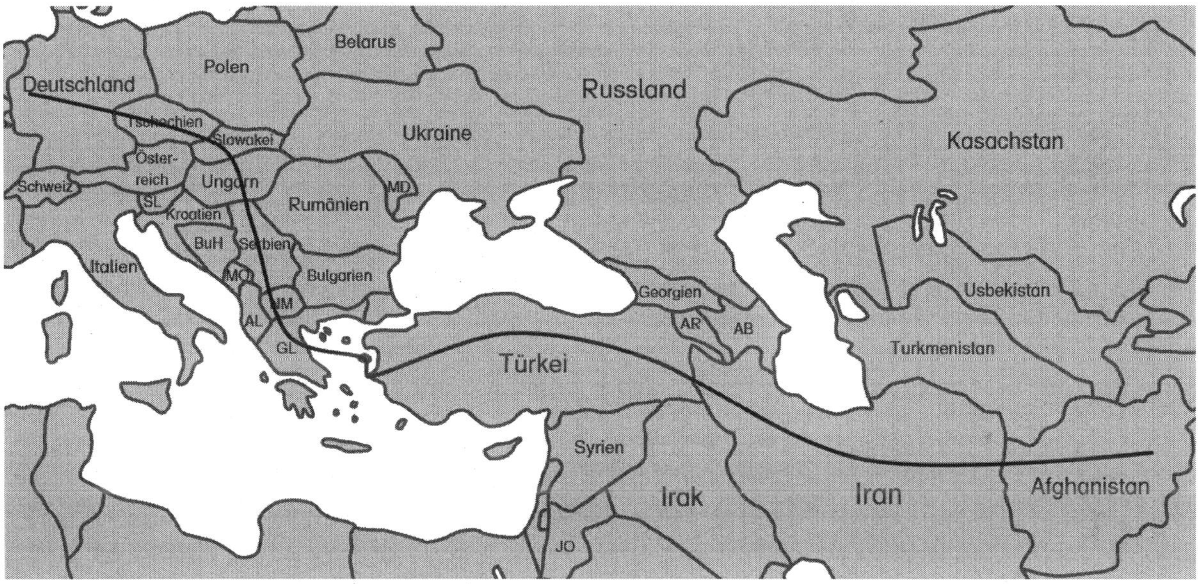

© Andreas_Haertle_AdobeStock_5964133

3. Fülle den Lückentext aus. Die Wörter im grauen Kasten helfen dir dabei.

Es gibt verschiedene Gründe, warum Menschen aus ihrem Heimatland in ein anderes Land fliehen. Azizas Familie musste aufgrund von *Terroristen* um ihr Leben bangen. In vielen Ländern ist *Krieg* ein Grund zur Flucht. An anderen Orten haben die Menschen aufgrund von Hungersnöten, Trockenheit oder Überschwemmungen keine *Lebensgrundlage* mehr. Wer flüchten muss, begibt sich auf eine *gefährliche* Reise mit einer ungewissen *Zukunft*.

Lebensgrundlage • Krieg • Zukunft • Terroristen • gefährliche

Azizas Tagebuch

1. In ihrem Tagebuch hält Aziza ihre Erlebnisse und Gedanken fest.
   Versetze dich in ihre Lage und schreibe einen Tagebucheintrag aus ihrer Sicht.
   Die Stichwörter helfen dir dabei.

- schon seit einer Woche in Deutschland
- leben in einer Flüchtlingsunterkunft in Dortmund
- teilen uns das Zimmer mit einer fremden Familie
- genug zu essen
- schlafen viel, immer noch erschöpft
- freue mich auf Schule
- Wie wird es wohl in der Schule?
- spreche noch nicht viel Deutsch

Liebes Tagebuch,

Der Neue in der Klasse

1. Suche dir ein Partnerkind. Lest die kurzen Texte (Situation 1 bis 3).
2. Stellt euch vor, ein geflüchteter Junge käme in eure Klasse. Wie könntet ihr ihn in den verschiedenen Situationen unterstützen? Schreibt eure Vorschläge auf.

Situation 1: Der Junge ist in der Pause immer allein.

So können wir das Kind unterstützen:

____

____

____

____

Situation 2: Der Junge kennt sich im Schulgebäude noch nicht gut aus.

So können wir das Kind unterstützen:

____

____

____

____

Situation 3: Der Junge hat Schwierigkeiten bei den Matheaufgaben.

So können wir das Kind unterstützen:

____

____

____

____

Der Neue in der Klasse (Lösung)

1. Suche dir ein Partnerkind. Lest die kurzen Texte (Situation 1 bis 3).
2. Stellt euch vor, ein geflüchteter Junge käme in eure Klasse.
   Wie könntet ihr ihn in den verschiedenen Situationen unterstützen?
   Schreibt eure Vorschläge auf.

Situation 1: Der Junge ist in der Pause immer allein.

So können wir das Kind unterstützen:

Vorschlag: Wir können den Jungen fragen, ob er die Pause mit uns verbringen und mit uns spielen will. Wir zeigen ihm unsere Spiele und essen gemeinsam unser Pausenbrot.

Situation 2: Der Junge kennt sich im Schulgebäude noch nicht gut aus.

So können wir das Kind unterstützen:

Vorschlag: Wir bieten dem Jungen an, mit ihm eine Führung durch das Schulhaus zu machen. Wir zeigen ihm, wo sich die Toiletten, das Lehrerzimmer, die Turnhalle etc. befindet.

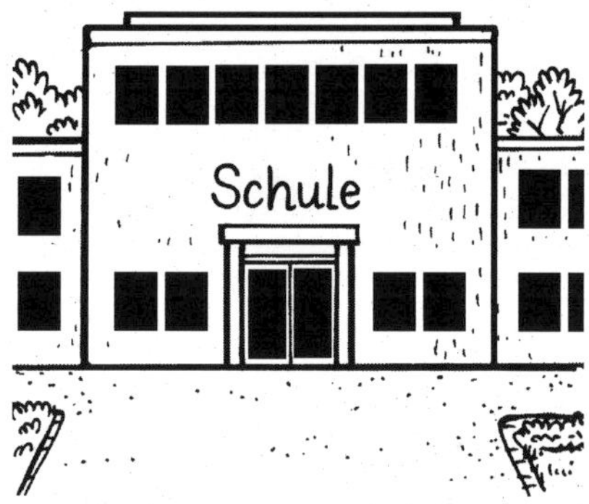

Situation 3: Der Junge hat Schwierigkeiten bei den Matheaufgaben.

So können wir das Kind unterstützen:

Vorschlag: Wir bieten dem Jungen an, ihm bei den Matheaufgaben zu helfen. Wir könnten ihm auch ab und zu nachmittags Nachhilfe geben, bis er im Unterricht gut mitkommt.

Stundenhinweise (1)

Lernziele und Überblick

Die Schüler*innen lernen, was Mobbing ist, wie man sich bei Mobbing am besten verhält und wie wichtig es ist, sich Hilfe von außen zu holen. Durch Rollenspiele machen die Lernenden Erfahrungen aus verschiedenen Perspektiven (Opfer, Täter*innen, Mitläufer*innen, Zuschauer*innen).

Stundenverlauf

Phase	Inhalt	Sozialform	Material
Einstieg	Die LK zeigt den Kindern die *Bildkarte* unter der Dokumentenkamera. Die SuS äußern sich frei zum Bild. Alternativ stellt die LK Fragen zum Bild. Mögliche Impulsfragen können der Reihe nach sein: • Was siehst du auf dem Bild? • Was passiert hier gerade? • Wie fühlt sich wohl das Mädchen vorne? • Wie findest du das Verhalten der hinteren Mädchen? • Was würde dem Mädchen vorne helfen?	UG	*Bildkarte;* Dokumenten-kamera
Erarbeitung	Die LK teilt das AB *Rollenspiel – Mobbing auf dem Schulhof* aus. Die LK teilt die Klasse in Gruppen à fünf Kinder ein. Im Vorfeld der Stunde nimmt die LK bereits die Gruppeneinteilung und die Rollenverteilung für das Rollenspiel vor, die sie den SuS nun aushändigt. Wichtig ist, dass Kinder, die in der Klasse kaum Anschluss haben oder evtl. sogar Opfer von Mobbing wurden/sind, nicht die Rolle des Opfers spielen. Die SuS üben in ihren Gruppen das Rollenspiel ein und führen es der Klasse vor. Jedes Kind sollte das Rollenspiel einmal als Akteur*in und mindestens einmal als Zuschauer*in erlebt haben, um verschiedene Sichtweisen einnehmen zu können. Die empfundenen Gedanken und Gefühle der Kinder werden im Anschluss anhand folgender Fragen im Plenum besprochen: • Wie erging es dem Kind mit dem Pausenbrot? • Wie hat sich der Anführer gefühlt? • Wie haben sich die Mitläufer gefühlt? • Was hast du beim Zuschauen empfunden?	 GA UG	AB *Rollenspiel – Mobbing auf dem Schulhof*; vorbereitete Rollenverteilung

Stundenhinweise (2)

Phase	Inhalt	Sozialform	Material
Vertiefung	Die LK teilt das AB *Was ist Mobbing?* aus. Die SuS füllen einen Lückentext aus, in dem sie erfahren, was der Begriff Mobbing bedeutet, wie schwer es für das Opfer ist, der Situation zu entkommen, und wie wichtig es dennoch ist, sich Hilfe zu suchen oder als Außenstehende*r Hilfe anzubieten.	EA	AB *Was ist Mobbing?*
Übung	Die LK teilt das AB *Richtiges Verhalten bei Mobbing* aus. Gemeinsam mit einem Partnerkind unterscheiden die Kinder hilfreiche und weniger hilfreiche Wege aus Mobbingsituationen und kennzeichnen die hilfreichen farbig. Anschließend streichen die Kinder falsche Satzaussagen zum Thema Mobbing durch. Die Ergebnisse werden anschließend im Plenum besprochen.	PA UG	AB *Richtiges Verhalten bei Mobbing*
Schluss	Die LK teilt das AB *Rollenspiel – Mobbing auf dem Schulhof (mit Verteidigern)* aus. Je nach Klassenstärke werden ein bis zwei Gruppen von vorhin aufgelöst. Diese Kinder werden jetzt auf die übrig gebliebenen Gruppen aufgeteilt. Sie nehmen nun die Rollen der Verteidiger ein. Die Gruppen, die nun aus sieben bis acht SuS bestehen, überlegen gemeinsam, wie die vorherige Situation verlaufen würde, wenn sich zwei bis drei Kinder für das Opfer einsetzen. Ihre Überlegungen halten sie auf dem AB fest. Sie üben daraufhin das veränderte Rollenspiel ein und führen es der Klasse vor. Abschließend reflektieren die SuS im Plenum, was sich im Gegensatz zum ersten Rollenspiel verändert hat, wenn nun Personen Partei für das Opfer ergreifen. Sinnvolle Leitfragen können sein: • Wie erging es dem Kind mit dem Pausenbrot nun im Vergleich zu vorhin? • Wie hat sich der Anführer nun im Vergleich zu vorhin gefühlt? • Wie haben sich die Mitläufer nun im Vergleich zu vorhin gefühlt? • Was hast du beim Zuschauen nun im Vergleich zu vorhin empfunden?	GA UG	AB *Rollenspiel – Mobbing auf dem Schulhof (mit Verteidigern)*

Bildkarte

Rollenspiel – Mobbing auf dem Schulhof

Erzähler:	Ein Kind steht in der großen Pause allein auf dem Schulhof. Es wirkt schüchtern. Während das Kind in sein Pausenbrot beißt, nähern sich ihm andere Kinder. Sie wirken bedrohlich.
Anführer (aggressiv):	Na, bist du mal wieder allein? Kein Wunder! Mit so einem Außenseiter wie dir will keiner was zu tun haben.
Mitläufer 1:	Stimmt, dich mag niemand!
Mitläufer 2:	Nicht mal unsere Lehrerin kann dich leiden!
Kind (unsicher):	Lasst mich in Ruhe! Ich habe euch nichts getan!
Erzähler:	Das Kind wird immer unsicherer. Der Anführer ärgert das Kind immer weiter und schlägt ihm das Pausenbrot aus der Hand. Daraufhin lachen die beiden Mitläufer.
Kind:	Geht bitte weg!
Anführer:	Was hast du überhaupt schon wieder für hässliche Klamotten an?!
Erzähler:	Der Anführer zupft am Oberteil des Kindes und mustert es von oben bis unten mit einem abschätzigen Blick.
Mitläufer 1:	Das sieht echt furchtbar aus!
Mitläufer 2:	So würde ich mich nicht raustrauen!
Erzähler:	Das Kind beginnt zu weinen.
Mitläufer 1 (höhnisch):	Oh, will da jemand heim zu seiner Mami?!
Mitläufer 2 (höhnisch):	Du bist echt so peinlich! Ich würde mich schämen.
Anführer:	Kommt, Leute, wir gehen! Wir haben Wichtigeres zu tun, als uns um so eine Heulsuse zu kümmern!
Mitläufer 1:	Bis bald!
Mitläufer 2:	Wir sehen uns wieder!
Erzähler:	Das Kind sitzt weinend auf dem Boden, hat verzweifelt die Arme um die Knie geschlungen und wischt sich mit seinem Handrücken die Tränen aus dem Gesicht.

Was ist Mobbing?

1. Fülle den Lückentext aus. Die Wörter im grauen Kasten helfen dir dabei.

Mia erzählt ihrer älteren Schwester Hanna auf dem Heimweg von der Schule: „Morgen behandeln wir das Thema Mobbing im Unterricht. Was bedeutet das eigentlich genau?“ Hanna ist sehr gut in Englisch und erklärt: „Das Wort Mobbing kommt vom englischen Begriff „to mob“. Das bedeutet übersetzt pöbeln oder jemanden ____________________.“ Mia fragt: „Also, wenn mal jemand geärgert wird, ist das Mobbing?“ „Nicht ganz“, antwortet Hanna, „von Mobbing spricht man, wenn jemand von einer Person oder einer Gruppe immer wieder beleidigt oder bloßgestellt wird. Durch die wiederholte körperliche oder ________________ Gewalt fühlt sich das Mobbingopfer zunehmend eingeschüchtert, ängstlich und ______________. So haben die __________________ meist leichtes Spiel und das Opfer kann sich kaum gegen sie _________________. Oft hat das Opfer sogar Angst, mit jemandem darüber zu sprechen. Nach und nach verliert es die Hoffnung, einen _________________ zu finden.“ Mia wirft ein: „Oh, das klingt gruselig. Ich bin froh, dass ich das noch nicht erlebt habe.“ Hanna nickt: „Aber falls du mal gemobbt werden solltest, dann erzähle unbedingt mir, unseren Eltern oder einer Lehrkraft davon. Denn nur, wenn du dir Hilfe suchst, wird das Mobbing aufhören und die Täter werden ihre _______________ verlieren.“ Mia sagt ernst: „Ab sofort werde ich genauer darauf achten, ob eine andere Person vielleicht in Not ist. Und dann werde ich sie ansprechen, ob sie _______________ benötigt.“

Macht • allein • Hilfe • schikanieren • seelische • Täter • Ausweg • wehren

Was ist Mobbing? (Lösung)

1. Fülle den Lückentext aus. Die Wörter im grauen Kasten helfen dir dabei.

Mia erzählt ihrer älteren Schwester Hanna auf dem Heimweg von der Schule: „Morgen behandeln wir das Thema Mobbing im Unterricht. Was bedeutet das eigentlich genau?" Hanna ist sehr gut in Englisch und erklärt: „Das Wort Mobbing kommt vom englischen Begriff „to mob". Das bedeutet übersetzt pöbeln oder jemanden *schikanieren*." Mia fragt: „Also, wenn mal jemand geärgert wird, ist das Mobbing?" „Nicht ganz", antwortet Hanna, „von Mobbing spricht man, wenn jemand von einer Person oder einer Gruppe immer wieder beleidigt oder bloßgestellt wird. Durch die wiederholte körperliche oder *seelische* Gewalt fühlt sich das Mobbingopfer zunehmend eingeschüchtert, ängstlich und *allein*. So haben die *Täter* meist leichtes Spiel und das Opfer kann sich kaum gegen sie *wehren*. Oft hat das Opfer sogar Angst, mit jemandem darüber zu sprechen. Nach und nach verliert es die Hoffnung, einen *Ausweg* zu finden." Mia wirft ein: „Oh, das klingt gruselig. Ich bin froh, dass ich das noch nicht erlebt habe." Hanna nickt: „Aber falls du mal gemobbt werden solltest, dann erzähle unbedingt mir, unseren Eltern oder einer Lehrkraft davon. Denn nur, wenn du dir Hilfe suchst, wird das Mobbing aufhören und die Täter werden ihre *Macht* verlieren." Mia sagt ernst: „Ab sofort werde ich genauer darauf achten, ob eine andere Person vielleicht in Not ist. Und dann werde ich sie ansprechen, ob sie *Hilfe* benötigt."

Macht • allein • Hilfe • schikanieren • seelische • Täter • Ausweg • wehren

Richtiges Verhalten bei Mobbing

1. Lies zusammen mit einem Partnerkind die einzelnen Texte.
2. Welche Verhaltensweisen tragen dazu bei, Mobbing ein Ende zu setzen? Kennzeichnet diese Texte farbig.

Du beobachtest einige Tage lang, wie ein Mädchen von mehreren Kindern in der Pause geschubst und bedrängt wird. Du gehst zu dem Lehrer, der gerade die Pausenaufsicht ist, und weist ihn darauf hin.

Du siehst, wie ein Junge von einigen Mädchen wiederholt geärgert wird. Der Junge beginnt zu weinen. Du gehst auf die Kinder zu und sprichst die Mädchen an: „Hey, lasst den Jungen sofort in Ruhe!“ Die Mädchen lachen dich aus, aber du lässt nicht locker und gehst nicht weg.

Du sprichst eine Gruppe mobbender Kinder an und sagst zu ihnen: „Wenn ihr Jan in Frieden lasst, zahle ich euch 10 Euro.“

Beim Warten auf den Schulbus siehst du, wie zwei ältere Jungen einem kleineren den Schulranzen wegnehmen und ihn auslachen. Allein traust du dich nicht dazwischenzugehen. Also sprichst du einige neben dir stehende Kinder an und bittest sie, gemeinsam mit dir einzugreifen und dem kleinen Jungen zu helfen.

Beim Abendessen erzählst du deinen Eltern davon, dass ein anderes Kind in deinem Flötenunterricht gemobbt wird. Dein Vater beschließt, beim nächsten Mal mitzukommen, um mit den mobbenden Kindern zu sprechen. Hilft auch das nichts, wird er mit den Eltern der betreffenden Kinder sprechen.

Ein Mädchen aus deiner Klasse wird auf dem Nachhauseweg von zwei Jungen gehänselt. Es läuft weg. Die Jungen verfolgen es noch eine Weile, geben dann aber auf. Du gehst schnell weiter und tust so, als hättest du nichts mitbekommen. Du erzählst auch niemandem davon.

3. Streicht durch, was nicht stimmt.

Wer Mobbing beobachtet, sollte es ignorieren / sich auf die Seite des Opfers stellen.

Wer wegschaut, unterstützt dadurch das Mobbing / kann nichts falsch machen.

Hat man selbst Angst vor den Tätern, hat man eine gute Entschuldigung / kann man sich Hilfe holen bei Eltern, Lehrkräften oder anderen Erwachsenen.

Richtiges Verhalten bei Mobbing (Lösung)

1. Lies zusammen mit einem Partnerkind die einzelnen Texte.
2. Welche Verhaltensweisen tragen dazu bei, Mobbing ein Ende zu setzen? Kennzeichnet diese Texte farbig.

Du beobachtest einige Tage lang, wie ein Mädchen von mehreren Kindern in der Pause geschubst und bedrängt wird. Du gehst zu dem Lehrer, der gerade die Pausenaufsicht ist, und weist ihn darauf hin.
Du siehst, wie ein Junge von einigen Mädchen wiederholt geärgert wird. Der Junge beginnt zu weinen. Du gehst auf die Kinder zu und sprichst die Mädchen an: „Hey, lasst den Jungen sofort in Ruhe!“ Die Mädchen lachen dich aus, aber du lässt nicht locker und gehst nicht weg.
Du sprichst eine Gruppe mobbender Kinder an und sagst zu ihnen: „Wenn ihr Jan in Frieden lasst, zahle ich euch 10 Euro.“
Beim Warten auf den Schulbus siehst du, wie zwei ältere Jungen einem kleineren den Schulranzen wegnehmen und ihn auslachen. Allein traust du dich nicht dazwischenzugehen. Also sprichst du einige neben dir stehende Kinder an und bittest sie, gemeinsam mit dir einzugreifen und dem kleinen Jungen zu helfen.
Beim Abendessen erzählst du deinen Eltern davon, dass ein anderes Kind in deinem Flötenunterricht gemobbt wird. Dein Vater beschließt, beim nächsten Mal mitzukommen, um mit den mobbenden Kindern zu sprechen. Hilft auch das nichts, wird er mit den Eltern der betreffenden Kinder sprechen.
Ein Mädchen aus deiner Klasse wird auf dem Nachhauseweg von zwei Jungen gehänselt. Es läuft weg. Die Jungen verfolgen es noch eine Weile, geben dann aber auf. Du gehst schnell weiter und tust so, als hättest du nichts mitbekommen. Du erzählst auch niemandem davon.

3. Streicht durch, was nicht stimmt.

Wer Mobbing beobachtet, sollte ~~es ignorieren~~/sich auf die Seite des Opfers stellen.

Wer wegschaut, unterstützt dadurch das Mobbing/~~kann nichts falsch machen~~.

Hat man selbst Angst vor den Tätern, ~~hat man eine gute Entschuldigung~~/kann man sich Hilfe holen bei Eltern, Lehrkräften oder anderen Erwachsenen.

Rollenspiel – Mobbing auf dem Schulhof (mit Verteidigern)

1. Spielt das Rollenspiel von vorhin noch einmal. Unterschied: Es kommen etwa in der Mitte der Szene zwei weitere Kinder hinzu, die sich für das Opfer einsetzen und es verteidigen. Daraufhin verändert sich das Geschehen entsprechend.
2. Überlegt, was die Verteidiger sagen und wie sie sich verhalten könnten. Schreibt eure Vorschläge auf.

____

____

____

____

____

3. Überlegt, wie die Täter darauf reagieren und wie sie sich verhalten könnten. Schreibt eure Vorschläge auf.

____

____

____

4. Überlegt, wie sich das Verhalten des Opfers ändert und was es sagen könnte.

____

____

____

5. Baut eure Ideen in das Rollenspiel ein und führt es nun mit dem neuen Ende auf.
6. Vergleicht das erste Rollenspiel und das von eben miteinander. Wie veränderte sich die Situation, als sich Personen für das Kind einsetzten? Schreibt auf, was euch auffiel:

____

____

____

Rollenspiel – Mobbing auf dem Schulhof (Lösung)

1. Spielt das Rollenspiel von vorhin noch einmal. Unterschied: Es kommen etwa in der Mitte der Szene zwei weitere Kinder hinzu, die sich für das Opfer einsetzen und es verteidigen. Daraufhin verändert sich das Geschehen entsprechend.
2. Überlegt, was die Verteidiger sagen und wie sie sich verhalten könnten. Schreibt eure Vorschläge auf.

   Vorschlag: Die Verteidiger fragen das Kind, ob sie ihm helfen können. Die Verteidiger stellen sich vor das Kind und sagen zu den Angreifern: „Lasst das Kind in Ruhe!"/„Geht weg, sonst holen wir eine Lehrkraft!"/ „Das ist feige von euch! Ihr traut euch nur, das Kind zu ärgern, weil ihr mehrere seid!"/„Das Kind hat euch nichts getan! Warum ärgert ihr es?"

3. Überlegt, wie die Täter darauf reagieren und wie sie sich verhalten könnten. Schreibt eure Vorschläge auf.

   Vorschlag: Die Täter reagieren überrascht, dass sich andere Kinder auf die Seite des Opfers stellen. Der Anführer sagt: „Schon gut! Holt bitte keine Lehrkraft. Wir hören damit auf."/„Kommt Leute, wir gehen lieber!"

4. Überlegt, wie sich das Verhalten des Opfers ändert und was es sagen könnte.

   Vorschlag: Das Kind wirkt plötzlich nicht mehr so ängstlich. Stattdessen wird seine Haltung aufrechter und es fühlt sich stärker. Das Kind sagt zu den Verteidigern: „Danke, dass ihr euch für mich eingesetzt habt!"

5. Baut eure Ideen in das Rollenspiel ein und führt es nun mit dem neuen Ende auf.
6. Vergleicht das erste Rollenspiel und das von eben miteinander. Wie veränderte sich die Situation, als sich Personen für das Kind einsetzten?
   Schreibt auf, was euch auffiel:

   Vorschlag: Die Täter wurden durch die Verteidiger gestört, die sich eingemischt und für das Opfer eingesetzt haben. So konnten sie das Mobbing nicht so fortsetzen wie beim ersten Mal. Die Situation konnte so entschärft werden.